Empédocles de Agrigento
El relámpago de Spinoza

1.ª edición, 2024

© De la presente edición y traducción, Pilar Benito Olalla
© Guillermo Escolar Editor S.L.
   Avda. Ntra. Sra. de Fátima 38, 5ºB
   28047 Madrid
   info@guillermoescolareditor.com
   www.guillermoescolareditor.com

Diseño de cubierta: Javier Suárez
Maquetación: Equipo de Guillermo Escolar Editor

ISBN: 978-84-19782-70-0
Depósito legal: M-23443-2024

Impreso en España / Printed in Spain

Romain Rolland

Empédocles de Agrigento
El relámpago de Spinoza

Edición y traducción
de Pilar Benito Olalla

Guillermo
Escolar
EDITOR

Desclasados

Romain Rolland, alrededor de 1915
(Biblioteca Nacional Suiza de Berna).

PREFACIO

UN HUMANISTA UNIVERSAL

El Premio Nobel de literatura Romain Rolland (1866-1944) fue uno de los intelectuales más influyentes en su época. Hoy, no tan recordado como otros de sus coetáneos, que siguen gozando de mayor repercusión, sin embargo continúa presente, en especial en el ámbito de la cultura francesa. Escritor de novelas, teatro, biografías y estudios históricos y musicológicos, gozó de una formación privilegiada, muy variopinta, rica en intereses y encuentros personales. Así lo revelan sus cartas, diarios y memorias, testimonio de una palpitante etapa histórica de Europa, llena, al mismo tiempo, de creatividad y contradicciones sociales sin precedentes.

El autor de *Au-dessus de la mêlée* (1914) defendió el pacifismo a ultranza en medio de la locura de la Gran Guerra, siendo abanderado de otros intelectuales que lo secundaron. Desde una postura ambivalente coqueteó también con el comunismo de Stalin, y rechazó el nazismo durante la Segunda Guerra Mundial, aunque aislado en su retiro último de Vézelay.

Rolland fue controvertido en su vida y lo es en la actualidad a la hora de interpretar sus obras y sus acciones. Él mismo reconocía ese carácter extraño: «Soy tan complejo que no me muestro de buena gana como soy: no se me comprendería»[1]. Esa dualidad entre su delicado y rico mundo interior y la realidad cotidiana con todas sus exigencias va a ser una constante de su vida, motivo de pesares, pero también acicate de su labor creadora. Dualidad psicológica de sus dos yoes (el soñador idealista y el realista) que oscilará entre la exaltación fulgurante ante un sentimiento pleno de eternidad y las recaídas en la desolación, el pesimismo por saberse incomprendido y por su fragilidad física.

Rolland nace un 29 de enero en Clamecy, en la provincia de Nivernais, en el seno de una familia burguesa de vieja estirpe de notarios. Recibe una esmerada educación en París, primero en los Institutos Saint-Louis y Louis-le-Grand, y posteriormente en la prestigiosa École Normale Supérieure. Accede con fruición a las obras de los grandes de la cultura: desde Shakespeare, Victor Hugo y Tolstói en la literatura, hasta los músicos Mozart, Beethoven o Wagner, que servirán de motivación y disfrute en su formación musical, además de sus acercamientos a la filosofía (los presocráticos, la *Ética* de Spinoza como momentos destacados). Todos ellos contribuyen al descubrimiento de su vocación: el arte. Vocación unida a la experiencia de súbitas iluminaciones acerca del sentido absoluto de unidad de todo lo real, como precisamente refleja el segundo texto que recoge la presente edición, *El relámpago de Spinoza*.

El joven Rolland prosigue su formación en Roma desde 1889 hasta 1891, gracias a una beca en la Escuela Francesa

---

[1] *Cahiers Romain Rolland*, 11, p. 169. Cita extraída de la excelente biografía de Bernard Duchatelet, *Romain Rolland tel qu'en lui-même*, París, Albin Michel, 2002, p. 37.

situada en el palacio Farnesio. Allí conoce a la gran Malwida von Meysenburg, aristócrata alemana, amiga de Wagner y de Nietzsche. Malwida será su mentora, amiga leal y ejercerá un gran influjo en él con su defensa del idealismo. Esos años le permiten a Rolland el disfrute de la pintura italiana, de donde nace su admiración por el Renacimiento.

Romain Rolland a los veinte años
(*Der Romain Rolland Almanach*).

Regresa a París y se lanza de lleno a su vocación literaria, a pesar de las dudas familiares. Comienza a escribir obras teatrales, aunque el éxito tardará en llegar. En 1892 se casa con Clotilde Bréal, que pertenecía a una familia judía de la burguesía culta francesa. El matrimonio viaja por diversos países europeos (Inglaterra, Alemania, Austria, Suiza). A la vez, Rolland continúa con su quehacer literario, trabaja como docente de la École Normale Supérieure, además empieza a conocer la doctrina del socialismo, que conecta con sus deseos de un humanismo idealista. En sus primeras obras teatrales, *Aërt* y *Morituri* (1898), ya se reflejan los grandes temas de su literatura: en la primera, el héroe solitario y fuerte en lucha contra la corrupción; en la segunda, la búsqueda de equilibrio entre las ideas de justicia y patria frente a los fanatismos.

A pesar de algunas reacciones iniciales en contra de sus obras, escribe dos dramas sobre la Revolución francesa (*Danton* y *Le 14 Juillet*), participa en el proyecto de crear un teatro popular en París, también en revistas (*Revue de Paris, Revue d'Art dramatique*), y como musicólogo en un congreso de historia de la música celebrado en 1900 en París, presidido por Camille Saint-Saëns. Y sigue cultivando sus relaciones con personajes señeros de la literatura, el teatro y la música: D'Annunzio, Richard Strauss, Perosi, Péguy. La crisis conyugal que desemboca en divorcio en 1901 le sume de nuevo en la tristeza. Y su refugio será la lectura, siempre presente, de dos de sus autores admirados: Tolstói y Goethe.

Comienza a dar clases en la École des Hautes Études Sociales. Su drama de la Revolución, *Le 14 Juillet* (1902) es un canto a la libertad que no acaba de convencer al gusto imperante del público. Por fin alcanza el triunfo con su biografía *Vie de Beethoven*, publicada en 1903, donde ensalza a un fuerte, bondadoso y estoico Beethoven. Y es entonces cuando comienza la gestación de su gran novela, *Jean-Christophe*, cuyos diez volúmenes saldrán a la luz en distintas entregas desde 1904 hasta 1912 y adquirirán notable influencia. El protagonista, claramente inspirado en el gran músico alemán, representa al héroe clásico en lucha contra un medio hostil, a la par que recoge un significativo panorama de las sociedades francesa y alemana de la época, aspecto que le sirve al autor para criticar el militarismo prusiano. También pretende con este libro-río la reconciliación entre Francia y Alemania, una propuesta de fraternidad que tendrá eco en diversos lectores, que intercambiarán cartas con el autor. Esta obra será uno de los elementos más significativos para la concesión del Premio Nobel de literatura en 1915 por los valores de idealismo, integridad moral y humanitarismo que defiende.

Escribe una nueva biografía, *Michel-Ange*, da clases de historia de la música en la Sorbonne, tareas que compagina con sus viajes (Inglaterra, Alemania, España, Suiza y, por supuesto, Italia como destino constante). A raíz de la muerte de Tolstói en 1910, redacta una biografía de encargo sobre el gran escritor ruso, que aparece en 1911, *Vie de Tolstoï*. Su círculo social se amplía: Alphonse de Châteaubriand o Rilke, por ejemplo; también será importantísima su amistad con Stefan Zweig. Este queda asombrado por la lectura en 1907 del primer volumen del *Jean-Christophe*, *L'aube*. Por eso quiere conocer al autor. Lo visita por primera vez en París en 1911 y se entabla esta relación tan crucial y fecunda, como se refleja en la intensa correspondencia que mantienen hasta 1940 y en sus numerosos encuentros. Zweig escribe una generosa carta abierta en un periódico berlinés en diciembre de 1912 apoyando el compromiso ético de Rolland por el entendimiento entre Francia y Alemania, y la defensa de una unidad fraterna europea que transita en las páginas del *Jean-Christophe*, esa gran obra iniciática para toda una generación de europeos. Tan decisiva es esta amistad que Zweig publicará en 1921 una biografía —más bien hagiografía— del escritor francés, titulada *Romain Rolland. Der Mann und das Werk*. Además, Zweig será un digno valedor de la difusión de sus escritos en Alemania.

Durante la Guerra del 14 Rolland vive en Suiza y colabora con la Cruz Roja Internacional en la oficina de ayuda a los prisioneros de guerra. Se opone activamente al conflicto y escribe una serie de artículos comprometidos con la paz, reunidos bajo el título de *Au-dessus de la mêlée*, que provocan adhesiones, pero también muchas animosidades de los dos bandos hacia Rolland, al que acusan de traición y falta de patriotismo. En cambio, la concesión del Premio Nobel supone un espaldarazo a las nobles ideas que encarnan sus obras. Las secuelas atroces de la contienda ponen las cosas en su sitio y se reconoce la lucidez del escritor francés en su defensa del pacifismo. Incluso el propio Zweig, que al estallido de la guerra se deja llevar por la embriaguez patriótica reinante a favor de Austria y Alemania y por las noticias en ocasiones falaces de la prensa, experimenta un retorno hacia sus ideas pacifistas de siempre por el influjo de su maestro y la evolución acelerada de los acontecimientos. Ambos comparten el ideal heroico de salvar el espíritu universal europeo, aunque existieran diferencias en la forma de compromiso y en sus respectivas percepciones acerca de los hechos que estaban viviendo. Y su amistad se mantendrá a lo largo del tiempo, a pesar de sus diversas posturas sobre Rusia y el comunismo.

Rolland vuelve a París en 1919 y vive allí durante un breve periodo de dos años. Más tarde se instala en la pequeña ciudad suiza de Villeneuve, donde reside hasta los prolegómenos de la Segunda Guerra Mundial. Durante el periodo de entreguerras mantiene una febril actividad literaria. Ahí están sus novelas *Colas Breugnon, Pierre et Luce, Clérambault, L'Âme enchantée*; el teatro con *Liluli* y *Les Léonides*; sus obras musicológicas, *Voyage musical au pays du passé* y *Beethoven, les grandes époques créatrices*; sus estudios sobre las grandes figuras de la India, que cristalizan en títulos notables: *La Vie de Ramakrishna, La Vie de Vivekananda, Mahâtmâ Gandhi*. Prosigue su fecunda correspondencia con grandes personajes de la cultura, entre ellos, Châteaubriant, Tagore, Gandhi, Hermann Hesse, Gorki, Zweig, Freud y un largo etcétera de destinatarios menos conocidos, además de sus cartas personales. Solo este hecho ya refleja la importancia de Rolland en aquella época, al que se consideraba todo un referente de integridad moral, idealismo y defensa de valores universales, aunque no sin contradicciones, en especial en su llamado a la unidad de los intelectuales —considerado por algunos demasiado abstracto y poco realista—, y en su compromiso político fluctuante con la Revolución rusa y el comunismo[2].

En 1919 había publicado su famosa «Déclaration de l'Indépendence de l'Esprit» que suscita sonadas adhesiones en el mundo de la élite cultural, pero también críticas abiertas, e incluso negativas solapadas. En busca de la comunidad fraterna de los intelectuales para enarbolar un nuevo humanismo y evitar una futura y previsible guerra, Rolland muestra un fervor encomiable para conseguir el apoyo de grandes personalidades[3]. Quiere luchar contra el milita-

---

[2] Sobre los avatares del compromiso político de Rolland, vid. el interesante análisis de David James Fischer, *Romain Rolland and the Politics of the Intellectual Engagement*, Nueva York, Transaction Publishers, 2003.

[3] Por citar solo algunos nombres que firmaron el apoyo al manifiesto publicado en el periódico socialista parisino *L'Humanité*, ahí estaban Alphonse de Châteaubriant, Albert Einstein, Hermann Hesse, Heinrich Mann, Paul Natorp, Benedetto Croce, Frans Masereel, Ernst Bloch, Bertrand Russell, Eugenio D'Ors, Stefan Zweig, Máximo Gorki, Rabindranath Tagore, Ananda Coomaraswamy, etc.

rismo, el etnocentrismo y cualquier forma de nacionalismo que desate la embriaguez bélica. Al final, aquel intento ambicioso de una *Internacional apolítica de los intelectuales* queda en una noble declaración de intenciones.

Romain Rolland en la época en que trabajó para la Cruz Roja durante la Primera Guerra Mundial (Biblioteca Nacional de Austria).

En cuanto a su actitud ambivalente respecto a la Revolución rusa y su desarrollo posterior, hay que entenderla desde la información parcial y sesgada que recibía Europa sobre aquellos hechos y sus consecuencias. En su acercamiento a la Unión Soviética también desempeña un papel destacado Marie Koudacheva, poetisa rusa y ferviente admiradora del escritor, con quien se casa en 1934. La relación de amistad con Gorki supone un acicate más para esa actitud abierta de Rolland hacia el comunismo, unida a la preocupación por la amenaza del fascismo. El autor francés alaba el esfuerzo de reconstrucción social y económica que supuso la Revolución, pero se horroriza ante cualquier forma de violencia y tiranía. Y el apoyo inicial evoluciona hacia una postura más lúcida y crítica, pero no exenta de altibajos. Semejantes contradicciones no fueron ajenas a otros autores de aquellos años que también experimentaron un proceso parecido. Rolland publica colecciones de sus artículos políticos en esta etapa bajo dos emblemáticos títulos: *Quinze ans de combat* y *Par la Révolution, la paix*.

En vísperas de la Segunda Guerra Mundial, en 1938, Rolland se establece en Vézelay, localidad de la Borgoña, desde donde contempla un nuevo y terrible conflicto que había llegado a presagiar. Se opone al nazismo arrasador, denunciando expresamente la invasión alemana de Checoslovaquia. Dimite de la Association des Amis de l'Union Soviétique, debido al pacto germano-soviético, y dedica ese tiempo a terminar su autobiografía, *Le Voyage intérieur*, cuya primera versión aparece en 1942. Dos años después fallece a los 78 años quien —en palabras de Zweig— había sido «la conciencia moral de Europa»[4].

Rolland y la filosofía: Empédocles y Spinoza

El presente libro tiene un carácter trinitario: Rolland descubre en su juventud la filosofía presocrática de Empédocles y la *Ética* de Spinoza. Y posteriormente decide escribir sobre esas lecturas y las impresiones tan vívidas que le han producido. Dos filósofos y un literato, tres épocas. Un problema común: los conflictos, las guerras; y una misma

---

[4] Stefan Zweig, *El mundo de ayer. Memorias de un europeo*, traducción de J. Fontcuberta y A. Orzeszk, Barcelona, Acantilado, 2002, p. 337.

solución: la paz, la armonía, la concordia, el sentido unificador de la humanidad.

Empédocles

Rolland visita Sicilia en febrero de 1891 para empaparse mejor de la atmósfera del lugar, puesto que estaba enfrascado en una primeriza obra de teatro sobre Empédocles, que había iniciado en los últimos meses de 1890; esta pieza perdida nunca se llevó a escena.

Más tarde, durante la Gran Guerra, retoma su gran interés por este ilustre presocrático. Como ya hemos comentado, Rolland se había instalado esos años en Suiza, en Ginebra, desde agosto de 1914, donde trabajó al servicio de la Agencia Internacional de Prisioneros de Guerra hasta julio de 1915.

Durante los primeros meses de 1918 se refugia en la lectura de los fragmentos de Empédocles, haciendo compatible esta tarea con una intensa y variada correspondencia que lo mantenía en primera línea de la actualidad informativa y con la reivindicación de la paz durante todo el periodo del conflicto bélico, como muy bien refleja su diario *Journal des années de guerre 1914/1919*, impresionante y valioso documento para conocer no solo la vida de Rolland, sino también la atmósfera ideológica y sentimental de muchos intelectuales europeos de la época.

Lee a Empédocles en la clásica versión del erudito italiano Ettore Bignone, que acababa de aparecer en 1916. Y decide escribir sobre el taumaturgo siciliano, médico, profeta y filósofo: lee con fruición, toma notas. Sus impresiones espontáneas quedan recogidas en un breve escrito *Empédocle d'Agrigente ou l'Âge de la Haine* [*Empédocles de*

Agrigento o la edad del odio], donde Rolland deja hablar al filósofo y también lo parafrasea con palabras de encomio y un tono exaltado. Elabora este panegírico en el último año de la guerra, en medio de la tristeza de Rolland por las batallas cruentas y los bombardeos sobre París. Este artículo, que termina el 15 de abril de ese año, se publica en *Cahiers du Carmel*.

Las grandes cuestiones de la existencia, los eternos asuntos de la filosofía palpitan en estas páginas. Desde las enfermedades, la vejez, la muerte, el más allá, hasta el sentido de la vida y las preocupaciones políticas, la investigación sobre la naturaleza y su origen, todos ellos son dignos de estudio para Empédocles y objeto de la atención de Rolland. El reencuentro con la dialéctica incesante de opuestos de las fuerzas cósmicas griegas (el amor y el odio) de las que nos hablaba Empédocles y la búsqueda de la armonía salvadora le sirven de refugio en mitad de la contienda europea.

No resultan extraños ni la curiosidad ni el fervor que trasmiten las palabras de Rolland en este texto. Empédocles es una figura fascinante sobre la que numerosos autores han centrado su atención. Hörderlin redacta una inspirada obra de teatro con tres versiones distintas, *La muerte de Empédocles*, en torno a la leyenda sobre su extraño final en el Etna, buscando la inmortalidad. Nietzsche lo tiene muy presente, junto a su admirado Heráclito, en *La filosofía en la época trágica de los griegos*. El pensador alemán sitúa a Empédocles entre los hombres geniales, esos filósofos preplatónicos *tallados en un solo bloque de piedra*[5].

---

[5] Friedrich Nietzsche, *La filosofía en la época trágica de los griegos*, traducción de L. F. Moreno Claros, Madrid, Valdemar, 2003, p. 37.

Hasta Jean-Paul Sartre se atrevería en su juventud temprana a ensayar un divertimento, medio poético, medio filosófico, en torno a esa antigua voz griega para elucidar sobre su propia intuición acerca de la impermanencia de las cosas: *Empédocle* y el *Chant de la Contingence*[6]. El hilo conductor entre estos autores citados para seguir la estela de Empédocles y el telón de fondo de guerras o conflictos sociales severos en las respectivas épocas en que vivieron ha sido un tema recurrente para varios estudiosos[7].

Pero más allá de esta línea concreta de resonancias, lo cierto es que la huella de Empédocles ha perdurado en la cultura occidental[8], a veces con voz rotunda, en otras ocasiones como corriente soterrada, sapiencial y mistérica[9].

Rolland se siente inspirado por la poesía intensa del agrigentino y parafrasea sus obras, *Sobre la naturaleza* y

---

[6] *Études sartriennes. Inédits de jeunesse, Empédocle et le Chant de la Contingence*, sous la direction d'Alexis Chabot, París, Classiques Garnier, 2016, nº 20.

[7] *Ibidem*, Juliette Simont, «Empédocle chez Nietzsche et Sartre», pp. 79-100.

[8] No olvidemos la afición de Schopenhauer por este filósofo trágico y pesimista, en cuya obra reina la dialéctica incesante de los opuestos; además, en él encontró la doctrina de la transmigración de las almas. Incluso el mismo Freud, en su conocida oposición entre Eros y Thánatos, reconoce ciertos ecos del Amor (Philía) y el Odio (Neikos) de Empédocles. Vid. Sigmund Freud, «Análisis terminable e interminable», en *Obras completas* (tomo XXIII), Buenos Aires, Amorrortu, 1980.

[9] Sobre la importancia de esa corriente filosófica profunda y velada, hay que destacar la brillante aportación de Peter Kingsley, *Filosofía antigua, misterios y magia. Empédocles y la tradición pitagórica*, traducción de Alejandro Coroleu, Vilaür, Atalanta, 2008 (ed. original: *Ancient Philosophy, Mystery and Magic*, 1995).

Purificaciones, con la admiración de un escolar. Y probablemente sea esta la forma más espontánea de acercarse a este autor: los grandes siempre son parafraseados, hay que dejarlos hablar a través de sus textos. Por tanto, no busquemos aquí interpretaciones filosóficas, sino una devoción textual —muy pegada a la guía de Bignone— y una vivencia subjetiva del propio Rolland que le ratifica en la experiencia de lo eterno y del amor a la humanidad, en medio del horror del conflicto bélico. Por eso, este escrito constituye también una invitación a la lectura o relectura de Empédocles, a recuperar unos textos que pueden conectar a las mil maravillas con nuestra época, en su búsqueda de raíces, referencias y tradiciones soterradas, para luchar contra la pérdida de memoria, el olvido y la rapidez e inmediatez tecnológicas que pueden arrasar identidades, genealogías y legados preciosos. Precisamente el retorno a los presocráticos es también el retorno a una de nuestras cunas culturales. Y hay que hacerlo de cuando en cuando para retomar la humildad curativa ante un progreso a veces devorador, y fulminante con los pioneros del pensamiento humano. Así lo hicieron Nietzsche y también Heidegger, de ahí que sea una buena lección. Tras el lenguaje mítico y poético de Empédocles se ocultan voces sugerentes e incluso sabias que nos conviene escuchar e intentar desentrañar en estos tiempos nuestros tan convulsos y habitados por la incertidumbre. Rolland decía de él en 1918 que era el más humano y moderno de los pensadores presocráticos, y que se había librado de la saña del tiempo. Sus palabras siguen en pie más de un siglo después.

SPINOZA

El segundo de los escritos que componen este volumen, *El relámpago de Spinoza*, narra la súbita iluminación que le produjo a Rolland en su adolescencia el descubrimiento del filósofo holandés y la lectura de la *Ética*, su obra magna. En pocas líneas nos describe el profundo impacto que sintió, fruto de la admiración y el reconocimiento de la afinidad entre dos espíritus tan separados en el tiempo, pero que aspiraban al ideal común de la fraternidad universal[10].

Rolland escribe estas páginas en julio de 1924 en Villeneuve y, como él mismo nos informa en una nota inicial, forman parte de su diario titulado *Le Voyage intérieur* (1942), dentro del epígrafe *Les trois éclairs*[11]. Sin embargo, este breve fragmento spinoziano del diario apareció publicado por primera vez en 1926 en una revista en lengua bengalí, *Prabasi*. Con posterioridad, se editó junto con su *Empédocles de Agrigento* en 1931: *Empédocle d'Agrigente* suivi de *L'éclair de Spinoza*, Éditions du Sablier. De ahí que una moderna edición francesa de 2014 —a cargo del especialista rollandiano Roger Dadoun— mantenga el formato de integrar estos dos escritos *filosóficos* en un mismo volumen. Por tanto, en esta edición española respetamos ese mismo formato, dada la unidad temática que lo justifica.

---

[10] Para un estudio más exhaustivo sobre la relación entre Rolland y Spinoza, vid. mi artículo: P. Benito Olalla, «Algunos destellos de la luz de Spinoza: de una metáfora de Dilthey al relámpago en Romain Rolland», en *Endoxa*, nº 29, 2012, pp. 133-164.

[11] Romain Rolland, *Le voyage intérieur. (Songe d'une Vie)*, París, Albin Michel, 1959. Nueva edición aumentada con textos inéditos respecto a la inicial de 1942. A partir de ahora citaré esta edición.

El interés temprano de Rolland por Spinoza surge mientras cursa sus estudios en el Instituto parisino Louis-le-Grand entre 1882 y 1886, donde prepara su ingreso a la École Normale Supérieure. Entonces descubre en clase de Filosofía a Schopenhauer, a los presocráticos, por supuesto a Empédocles, y también a los filósofos racionalistas. Las ideas de Descartes le resultan demasiado estrechas para sus anhelos juveniles, por eso siente que se amplían sus horizontes de modo extraordinario cuando accede a la *Ética* de Spinoza, en la edición clásica de Émile Saisset. El mismo Rolland admite que su conocimiento de la filosofía estaba circunscrito a muy pocos autores y que no le interesaban planteamientos tan abstractos. Pero su conexión con Spinoza no se cifra en la argumentación racional y en la estructura geométrica de la obra, sino en el *sentimiento oceánico* de inmersión y liberación que le produce su lectura, al dejarse llevar por la dimensión infinita de la Substancia spinoziana (el *Deus sive Natura*) y su sello de eternidad. Rolland escoge algunos textos de las obras de Spinoza, de la *Ética*, y también del *Tratado de la reforma del entendimiento*, para citar y parafrasear de nuevo, como había hecho con Empédocles. Y nos explica con un lenguaje lleno de metáforas ígneas la alegría de este encuentro. Este es solo uno de los tres *relámpagos* —en concreto el segundo— que Rolland describe en su diario. Los otros dos fueron: en primer lugar, la visión serena de la naturaleza desde la terraza del jardín de la casa de Voltaire en la localidad suiza de Ferney; en segundo lugar, la sensación de ubicuidad que experimentó en un túnel durante un viaje en tren, y que el escritor francés relacionó con algunas palabras de un personaje de Tolstói en *Guerra y paz*, Pierre, que se siente feliz y fraterno con todos, a pesar de su presidio.

Este tipo de experiencias fulgurantes e inmersivas constituye un elemento muy importante en la evolución espiritual de Rolland, como él mismo reconoce en la versión del diario de *Les trois éclairs*, refiriéndolos como *instantes sagrados*: «la terraza de Ferney; las palabras de fuego de Spinoza; y el relámpago tolstóiano en la noche del túnel»[12].

Otra de estas experiencias es la denominada «iluminación de Janicule» que tuvo lugar en marzo de 1890 en Roma. Fue entonces cuando Rolland concibió el germen de su gran obra, *Jean-Christophe*, que sería su manera de armonizar música y literatura, y dedicarse por entero a una concepción mística del arte como vehículo hacia el sentimiento de lo divino en el ser humano.

Posteriormente, en su interesante correspondencia con Freud surgirían los conocidos términos de 'sensación oceánica' o 'sentimiento oceánico' para nombrar la experiencia religiosa espontánea de conexión profunda entre el individuo y la totalidad eterna, que trasciende lo subjetivo, lo libera y es fuente de renovación vital[13].

Rolland ya había mencionado en otro escrito juvenil y testimonial, *Creo quia verum* (1888), en el que precisamente recogía el fruto intelectual de sus notas acerca de Spinoza, la expresión «Spinozismo de la Sensación cerebral» para referirse a esta inmersión en lo infinito[14]. Con este texto pretendía decantar lo que había asimilado del «Verbo revelador de

---

[12] *Ibidem*, p. 28.

[13] P. Benito Olalla, *op. cit.*, pp. 155-158. En concreto, los términos aparecen en una carta de Rolland a Freud el 5 de diciembre de 1927.

[14] Romain Rolland, *Le Voyage intérieur, op. cit.*, p. 40.

Spinoza»[15] y que iba a servir de «sólida plataforma»[16] para construir su vida artística y aferrarse a la paz en momentos turbulentos, ya fueran personales o históricos.

Es comprensible que Spinoza impactara sobre el escritor francés. La potencia de las ideas del holandés —a pesar del malditismo que lo persiguió en su época— ha tenido fuertes resonancias, poliédricas también, entre intelectuales, científicos y artistas modernos, y no solo en los filósofos. Desde Goethe, pasando por el idealismo alemán, Schopenhauer, Nietzsche, Freud, o hasta el mismo Einstein, han sentido curiosidad por él, y hasta guiños de complicidad en algunos casos. El carácter insólito de la filosofía de Spinoza lo sitúa además como pionero del laicismo y la democracia, o de algunas teorías psicológicas actuales sobre la afectividad humana.

Rolland lo admiró a su manera, sin llegar a profundizar en el entramado racionalista de un sistema del siglo XVII. Y aquellas *palabras de fuego* lo ayudaron a salir de la crisis de la adolescencia.

La individualidad idiosincrática de Rolland, que buscaba una expresión artística propia, a la par que luchaba por el ideal de una panhumanidad, encuentra dos *compañeros de ruta* en Empédocles y Spinoza. Y la conexión con sus valores —más afectiva en el caso de Spinoza— resultaba para Rolland un reflejo de su defensa de la libertad y una apuesta por una comunidad universal de espíritus afines *por encima de los conflictos*.

El 7 de enero de 1918 escribía en una carta a su amigo Henri Guilbeaux:

---

[15] *Ibidem*, p. 40.
[16] *Ibidem*, p. 41.

Renuncie, pues, en cuanto a mí, a ese juego de catalogación que es el de todos los «partidarios». ¿Acaso porque no soy de un partido es razón para que sea de otro? Donde veo un resplandor de justicia y de verdad, allá voy y lo tomo, aunque sea entre mis enemigos. Pero soy, y quiero seguir siendo libre; y cuanto más libre es un hombre, tanto más lo quiero[17].

Ojalá que esta edición suscite curiosidad por Rolland, Empédocles y Spinoza —eso sería más que suficiente—, y contagie el entusiasmo que muchos sintieron por ellos y por los valores que encarnaron.

---

[17] Romain Rolland, *Diario de los Años de Guerra 1914/1919*, III, traducción de Ricardo Anaya, Buenos Aires, Hachette, 1954, p. 104.

FUENTES DE LOS TEXTOS

Esta edición española de los dos textos de Romain Rolland se basa en las siguientes ediciones en francés:

Empédocle d'Agrigente suivi de *L'éclair de Spinoza*, París, Éditions du Sablier, 1931.

Le Voyage intérieur (Songe d'une Vie), Nouvelle Édition augmentée de textes inédits, París, Éditions Albin Michel, 1959 (contiene *L'éclair de Spinoza* dentro del texto titulado *Les trois éclairs*, pp. 27-45).

L'éclair de Spinoza, Tesserete (Suiza), Éditions Pagine d'Arte, 2010.

Empédocle d'Agrigente suivi de *L'éclair de Spinoza*, Précédé de *Vers «la divine Harmonie»* par Roger Dadoun, París, Éditions Manucius, 2014.

En cuanto a las notas al pie, además de recoger las notas del autor, he introducido otras propias bajo la signación [N. de la T.], bien para aclarar la citación de los textos de Empédocles y Spinoza que Rolland efectúa de manera escueta e informal, y completar con la referencia de las ediciones españolas, bien para ampliar o precisar otras informaciones.

SELECCIÓN BIBLIOGRÁFICA DE ROMAIN ROLLAND EN ESPAÑOL

Clerambault. Historia de una conciencia libre durante la guerra, traducción de Núria Molines Galarza, Barcelona, ContraEscritura, 2018.

Colás Breugnon, traducción de María Teresa Gallego Urrutia, Sant Cugat del Vallès, Nortesur, 2009.

Goethe y Beethoven, traducción de Luis Cernuda, Cádiz, Firmamento, 2023.

Goethe y Beethoven. Miguel Ángel, traducción de Luis Cernuda y Rafael Calleja, Barcelona, Ediciones Orbis, 1983.

La rebelión de las máquinas o el pensar desencadenado, ilustraciones de Frans Masereel, edición de Juan Barja y Patxi Lanceros, Madrid, Abada, 2020.

Mahatma Gandhi, traducción de José Luis Caritg, Sevilla, Marsay ediciones, 2002.

Más allá de la contienda, prólogo de Stefan Zweig, traducción de Carlos Primo, Madrid, Nórdica libros & Capitán Swing, 2014.

Más allá de la contienda y *Los precursores*, traducción de Núria Molines Galarza, Barcelona, ContraEscritura, 2017.

Músicos de antaño, Buenos Aires, Kier, 2015.

Viaje a España, Madrid, Casimiro Libros, 2022.

Vida de Beethoven, traducción de Luis Echávarri, Buenos Aires, Losada, 2007.

— Madrid, Casimiro Libros, 2019.

Vida de Händel, traducción de Alberto Puccio, Madrid, Casimiro Libros, 2020.

Vidas ejemplares. Beethoven, Miguel Ángel, Tolstoi, Forgotten Books, 2018

Vida de Ramakrishna. Ensayo sobre la mística y la acción de la India viva, Buenos Aires, Kier, 2013.

Vida de Tolstói, traducción de Selma Ancira y David Stacey, Barcelona, Acantilado, 2010.

Hermann Hesse, Romain Rolland, Rabindranath Tagore, *Correspondencia entre dos guerras*, traducción de Joaquín Bochaca, Barcelona, Nuevo Arte Thor, 1984.

Romain Rolland / Jean-Richard Bloch, *El teatro del pueblo. Un teatro comprometido*, traducción de Rosa de Diego Martínez, Madrid, Asociación de Directores de Escena, 2016.

Stefan Zweig / Romain Rolland, *De un mundo a otro. Correspondencia (1910-1918)*, traducción de Núria Molines y José Aníbal Campos, Barcelona, Acantilado, 2024.

Selección bibliográfica sobre Romain Rolland

Libros

Brancy, Jean-Yves, *Romain Rolland, un nouvel humanisme pour le XXᵉ siècle*, Préface de Rémy Pech, Clamecy, La Nouvelle Imprimerie Laballery, 2011.

Dadoun, Roger, *Contre la haine: l'amitié Hermann Hesse-Romain Rolland*, París, Éditions Léo Scheer, 2003.

Duchatelet, Bernard, *Romain Rolland tel qu'en lui-même*, París, Éditions Albin Michel, 2002.

Fischer, David James, *Romain Rolland and the Politics of the Intellectual Engagement*, Nueva York, Transaction Publishers, 2003.

Vermorel, Henri, *Sigmund Freud et Romain Rolland: Un dialogue 1923-1936*, París, Albin Michel, 2018.

Zweig, Stefan, *Romain Rolland. El hombre y la obra*, traducción de Alfred Cahn, Buenos Aires, Ediciones IMÁN, 1935.

— *El mundo de ayer. Memorias de un europeo*, traducción de J. Fontcuberta y A. Orzeszek, Barcelona, Acantilado, 2008.

ARTÍCULOS, REVISTAS, WEB

Benito Olalla, Pilar, «Algunos destellos de la luz de Spinoza: de una metáfora de Dilthey al relámpago en Romain Rolland», en *Endoxa*, nº 29, 2012, pp. 133-164.

Revista *Europe, Revue littéraire mensuelle, Romain Rolland*, octubre 2007, nº 942.

Web de la Association Romain Rolland:
https://www.association-romainrolland.org/index.htm

Romain Rolland
Empédocles de Agrigento

Empédocles representado en un grabado de 1580.

Al evocador mágico de *Primavera olímpica*, a CARL SPITTELER, quien, más allá de veinte siglos, reanudó la tradición de los poetas-filósofos de Jonia.

Con afecto y respeto,

ROMAIN ROLLAND,
abril, 1918

En medio del vasto hundimiento de nuestra civilización, entre las ruinas de Europa, el pensamiento vaga muchas veces hacia el pasado. Ansiosamente, por el laberinto oscuro que atraviesan aquí y allá flechas de sol, en el Eterno Retorno, busca formas que se parezcan a las que lo rodean, y le den la clave del misterio del presente. Las formas que hasta ahora le eran familiares, las de la época clásica, limitadas dentro del campo de sus aspiraciones, de sus conflictos, de su acción, de su pensamiento, de sus pasiones, de su orden vencedor e incluso de su mismo desorden, al igual que los grandes espíritus, cuya razón lúcida y decidida ha expresado estas épocas, la esencia de su deseo, su sueño metafísico, y lo que ellos querían ser, más que lo que ellos han sido —nuestros maestros filósofos de la Europa moderna—, han llegado a ser para nosotros como amigos de ayer, que nos han dejado salir en medio de la tempestad, y que no nos han seguido. Fieles y caseros, permanecen en el hogar; pero el hogar se derrumba: ¿será reconstruido? Su voz es sagrada para nosotros, porque nos recuerda el beneficio de su respuesta a nuestras preguntas de ayer; pero no responde ya a nuestras preguntas de hoy.

Los más libres de entre nosotros no encuentran tampoco en la noble religión, que ha nutrido el hambre de Europa durante diecinueve siglos, el alimento que necesitan. El Amigo divino, Jesús, cuyos brazos están abiertos a tantas almas abandonadas, cuya palabra viril y tierna ha guiado a tantas conciencias turbadas, ofrece a la vida moral un retiro puro y profundo; pero en cuyo umbral acaban muriendo los estruendos del exterior, el oleaje de la naturaleza, los clamores de la acción, los juegos sangrientos de la política. Y nuestra época no quiere cerrar sus oídos a nada. Ella no se guarecerá detrás de los muros de un claustro o las cercas de un racionalismo contra el Enigma amenazante del mundo, que merodea alrededor de ella, que la asalta y que quiere, cueste lo que cueste, que, en medio de sus semitinieblas y sin ver su camino, el hombre tome partido. Ella quiere abrazar lo invisible, debiera incluso sucumbir en esta lucha desigual. (¡Ella está firmemente decidida a no sucumbir!). Después de un largo periodo de paciente análisis, una necesidad imperiosa de síntesis abrasa los tuétanos de los nuevos tiempos. Ya no puede conformarse con una ascensión lenta, abriéndose camino con el hacha, un paso tras otro, en el vertiginoso muro de hielo. Los hombres de nuestro tiempo han aprendido a planear. Como los ojos de los pájaros, los suyos se han vuelto présbitas. El pensamiento necesita panoramas inmensos. Más que de verdades parciales, tiene sed de hipótesis amplias, en las que nada sea excluido de todo lo que es su bien, pero donde todo se armonice, la ciencia, el arte y la fe, el sueño y la razón, las fuerzas contemplativas y aquellas otras de la acción, y el pensamiento múltiple, de infinitos recovecos, como los lóbulos sinuosos del cerebro donde se aloja, el pensamiento de miles de cabezas, cual una diosa hindú, con todas sus variantes, con todos sus contrarios, que son los armónicos del mismo potente acorde.

Sin embargo, en nuestro peregrinaje por la ruta de los siglos —muy lejos, en el horizonte de la historia helénica, sobre la línea de división que separa los tres mundos mediterráneos, Europa, Asia, África, en estas Marcas fronterizas de Europa donde los innumerables ejércitos de Jerjes y las flotas de Cartago se rompieron contra el pecho de Grecia y de la Magna Grecia— nos encontramos almas y tiempos que son semejantes a los nuestros. Las mismas convulsiones cósmicas. Las mismas avalanchas de pueblos. Los conflictos de millones de hormigas humanas, blancas, negras, amarillas, de todos los colores, de todas las razas, de todas las religiones. Los imperios fabulosos, que se hinchan y revientan, como una fluxión. Las ciudades maravillosas, donde se abre la flor de la civilización, súbitamente segada, marchita, pisoteada. Y estos espíritus grandiosos, estos semidioses del pensamiento, donde se ha reflejado el espectáculo y condensado el sentido de estos dramas étnicos, el ritmo de estas oleadas de pueblos que chocan, se rompen y se funden al fin en el océano de la vida: Heráclito de Éfeso, Parménides de Elea, Empédocles de Agrigento, Demócrito de Abdera. Ellos han realizado el ideal que nosotros soñamos: unir y armonizar todas las fuerzas del alma, la razón y la fe, la doble observación de los sentidos y del ojo interior. Al mismo tiempo que los esclavos y el botín de los vencidos llenaban sus ciudades, ellos han enriquecido su pensamiento con los siglos del Egipto de lejanos resplandores y del misterioso Oriente. Han sido a la vez poetas, filósofos, ingenieros, médicos, hombres de ciencia, hombres de Dios, inspirados y apóstoles; y la energía de su alma, como un fuego subterráneo, se ha abierto paso ardiente con la acción. Tales es ingeniero militar, Parménides, hombre de Estado, Meliso, almirante; Anaximandro dirige una colonia, Pitágoras reforma la sociedad, Zenón combate la tiranía, que hace de él un mártir; Empédocles ayuda a destruir las Bastillas de su tiempo. No les bastó mirar a la Esfinge a los ojos, la agarraron por el cuello; han querido resolver prácticamente los problemas de la vida, de los que su meditación había dado cuenta. Ya que para ellos todo está relacionado: pensar = actuar. Y el mundo moral no se distingue del mundo de la naturaleza… «Pero la ley que vale para todos, a través del / éter de vasto reino y del rayo inconmensurable se extiende por doquier…»¹, la Díke soberana. Y el hombre que la concibe es su voz y su brazo.

De Tales a Empédocles, los héroes del pensamiento griego se empeñaron en la conquista del Dios desconocido, del principio escondido que gobierna los mundos y el alma. El primero, Anaximandro, meditando sobre el estrépito de Nínive y de Sardes, que caen, desde los primeros temblores que sacuden las ciudades de la Magna Grecia, enuncia la ley de Justicia, Némesis inflexible y mística, que hace retornar eternamente en el infinito a los seres y a las cosas que, distanciándose de ella, cometen injusticia.

El principio y elemento de todas las cosas es lo «infinito» (ἄπειρον)… Ahora bien, a partir de donde hay generación para las cosas, hacia allí se produce también la destrucción, según la necesidad; en efecto, «pagan la culpa unas a otras y la reparación de la injusticia, según el ordenamiento del tiempo»².

¹ Empédocles, fragmento 135.
[Cito los textos de Empédocles a partir de la edición española, *Los filósofos presocráticos* II, traducción de Ernesto La Croce, Madrid, Gredos, 1979, 603 (31 B 135), p. 290. A partir de ahora, obra citada como FP II. N. de la T.].
² [*Los filósofos presocráticos*, I, traducción de Conrado Eggers Lan y Victoria E. Juliá, Madrid, Gredos, 1978, 183 (12 A 9 y 12 B 1), p. 129. A partir de ahora, obra citada como FP I. En diversas citas de los textos

Menos sumiso que Anaximandro y ebrio de heroísmo, el solitario de Éfeso, el profeta de estirpe sacerdotal y real, Heráclito, rechaza la abdicación en el Infinito. Para él, la Justicia es el choque de contrarios, es la guerra; es la guerra eterna con su sufrimiento eterno, de donde florece la grandeza moral. «Guerra es padre de todos, rey de todos: a unos ha acreditado como dioses, a otros como hombres; a unos ha hecho esclavos, a otros libres»[3]. La vida es un arco, y un arco que mata[4]. De esta vida y de esta muerte, el Dionisos de Éfeso se atiborra con frenesí.

Entre la renuncia grandiosa de Anaximandro, que se reabsorbe en el infinito, y el júbilo trágico de Heráclito, que se sumerge en la contienda eterna, Empédocles hace oír su canto de esperanza y de paz, la espléndida sinfonía de la vida universal, cuyas disonancias crueles se resuelven periódicamente en acordes de luz. Evoquemos de nuevo esta sinfonía desaparecida. Reavivemos este bello canto. El mundo lo necesita. E igual que en la época donde se apiñaban los hombres y las mujeres de la ciudad de Perséfone para escucharlo, que «el médico de las almas» vuelva a abrir a nuestras ansiedades el camino de la divina Ἁρμονία!

* * *

presocráticos, Rolland introduce algunos términos escritos en griego para redundar en ellos. Estos no aparecen en la traducción española que utilizo, pero los he mantenido para respetar la intención enfática de Rolland. N. de la T.].

[3] Heráclito, fragmento 53.
[FP I, 761 (22 B 53), p. 387. N. de la T.].

[4] «Nombre del arco es vida; su función es muerte» (Heráclito, fr. 48). En griego βίος, quiere decir: vida, y βιός: arco.
[FP, I, 756 (22 B 48), p. 386. N. de la T.].

Si él me es más querido que cualquier otro entre las imponentes figuras de profetas helénicos, con las que un nuevo Miguel Ángel podría poblar la bóveda de una segunda Sixtina, no es solamente por la amplitud excepcional de su inteligencia, que solo Demócrito iguala; no es solamente por el relieve sobrecogedor de su personalidad, la cual se corresponde con Heráclito, el único, el *Übermensch*[5] de Jonia; es porque es el más humano, y porque sus acentos son ya completamente modernos, además, se ha librado relativamente de la saña del tiempo. De los casi cinco mil versos con que contaban sus dos grandes poemas filosóficos, nos quedan cuatrocientos cincuenta. Poco, sin duda, si se piensa en los enigmas que los vacíos dejan abiertos.

Pero mucho, en comparación con los otros presocráticos. No hablemos mal de los fragmentos: tienen el encanto fascinante de los bellos mármoles mutilados. El sueño de los siglos acaba el gesto ausente de la Venus y la cadencia interrumpida del pensamiento del poeta. Así, el flujo de la creación que brotó en días lejanos de una gran alma de Grecia sigue fluyendo: ahí nosotros mezclamos la nuestra.

Tal y como se nos aparece, con el orgulloso diseño de sus líneas intactas, y los contornos vaporosos, que nuestra imaginación completa, es un arco feérico que une el Oriente al Occidente y el pasado al presente. Toca todos los mundos y en ellos participa. Es una semileyenda; su pensamiento se enraíza en los sueños de Asia, en las cosmogonías iranias, en el mazdeísmo y el culto de Mitra; está emparentado con el orfismo de la Magna Grecia, esa primavera invernal —primavera de febrero— del cristia-

---

[5] [Término nietzscheano traducido habitualmente como 'superhombre'. N. de la T.].

nismo todavía inconsciente; tiene ecos hasta en la India; y uno de sus comentaristas ha podido discutir sobre sus relaciones con las doctrinas Sâṃkhya[6]. Y está, al mismo tiempo, firmemente asentado en el suelo de la ciencia; es un antecesor del atomismo de Epicuro, abre el camino a la biología moderna; pone las primeras bases del transformismo darwiniano, corregido por H. de Vries[7]. En él confluyen las dos grandes corrientes científicas de su tiempo: la ciencia experimental, cuyo iniciador fue el médico Alcmeón de Crotona, y la ciencia mística de Pitágoras, que él celebra religiosamente en sus *Purificaciones*[8]. Sus biógrafos evocan los diversos aspectos de su genio multiforme: suce-

---

[6] Gregorio Franzò: *Sulle relazioni delle dottrine del Sâṃkhya coll'antica filosofia greca fino ad Anassagora*, Pisa, 1904.
[Referencia exacta del artículo en *Annali della Regia Scuola Normale Superiore di Pisa. Filosofia e Filologia*, vol. 18, pp. 1-58. N. de la T.].

[7] En sus bellos estudios: *Pour l'histoire de la science hellène* (París, Alcan, 1887), que acaban de ser reeditados (Gauthier-Villars, 1930), Paul Tannery saca a la luz la física de Empédocles: «Pitágoras había sido matemático y místico. Empédocles fue físico y místico… La doctrina de los cuatro elementos puede haber sido sostenida antes que él; haber hecho triunfar esta doctrina, que debía reinar cerca de veinte siglos es un título de gloria irrefutable… A la idea primitiva del monismo, idea incapaz de prestarse al progreso de la ciencia y ya acorralada en el *impasse* del idealismo, Empédocles oponía, como un hecho, la distinción familiar a todos de los tres estados de los cuerpos: sólido, líquido, aeriforme, excepto al desdoblar la noción más vaga de este último estado, para poder dar cuenta del fenómeno del calor y de la luz… Esta teoría de Empédocles debía subsistir de hecho hasta la creación de la química moderna».
[La referencia exacta de la cita, en parte parafraseada por Rolland, de la edición de 1930 se encuentra en pp. 325, 329 y 330. N. de la T.].

[8] Empédocles, fr. 129.
[FP II, 597 (31 B 129), p. 289. N. de la T.].

sivamente, el Platón del *Timeo*, Lucrecio, que lo magnificó, Bernardino Telesio, el pionero italiano de la nueva ciencia de Bacon y de Galileo, los aletazos místicos de la ciencia de Newton, Leonardo, Goethe, Schlegel, Novalis, sobre todo Schopenhauer, de quien el último y más completo historiador de Empédocles, M. Ettore Bignone[9], curiosamente saca a la luz los rasgos de semejanza intelectual con el pensador siciliano, mostrando el paralelismo de sus posturas filosóficas, en dos edades diferentes de la historia del espíritu.

Las formas de su acción no son menos diversas que las de su inteligencia.

Es un hombre de fe y pone su poema *De la naturaleza* bajo la égida de la Piedad[10]. Es taumaturgo y hace conjuros mágicos[11]; se cuenta que resucita a los muertos y que, como Próspero, domina los elementos. Pero es

---

[9] Ettore Bignone: *Empedocle, studio critico, traduzione e commento delle testimonianze e dei frammenti*. Colección de *Il Pensiero greco*, Bocca, Turín, 1916, vol. 1 en 16º, 688 páginas. Esta obra considerable, que comprende un extenso estudio, la traducción italiana de todos los fragmentos de Empédocles y de los principales testimonios antiguos sobre su persona, su pensamiento y su obra y, por último, seis apéndices críticos donde son discutidas las grandes cuestiones del sistema, no es menos notable por su erudición que por su sentido artístico. Recurro frecuentemente a este estudio, y mis indicaciones de los fragmentos de Empédocles se refieren a esta admirable edición. Para los textos griegos, ver H. Diels, *Die Fragmente der Vorsokratiker*, Berlín, 1903; 4ª edición revisada y ampliada por Walther Kranz, 1922, 3 vol. [Esta obra de Hermann Diels y Walther Kranz es conocida como Diels-Kranz (DK) y citada como tal. N. de la T.].

[10] Empédocles, fr. 4.
[FP II, 472 (31 B 3), p. 256. N. de la T.].

[11] Gorgias afirmaba haber asistido a ellos.

también médico e ingeniero, observador atento de la realidad, a fin de dominarla, uno de los primeros en hacer un uso científico de la experimentación. Es un orador poderoso y popular; Aristóteles ve en él al iniciador de la retórica siciliana, que Gorgias importó a Atenas. Por último, toma parte con energía en las luchas de la ciudad, y dentro de un espíritu muy moderno, decididamente democrático, se puede decir 'jacobino'[12]. Nadie como él ha realizado el ideal de Alberti, de Leonardo y de Goethe: el hombre universal.

Consciente de su fuerza, tuvo el orgulloso propósito de ofrecer en sus poemas cósmicos, que en sí mismos no son más que una parte de su obra[13], la gran Enciclopedia, la *Summa* de su tiempo, la Biblia de Jonia. Por eso Lucrecio habla de él con adoración, como de un Moisés homérico:

… dentro del triángulo de sus tierras engendrólo la isla que baña en el mar Jonio sus quebradas costas […] Mas por grande y admirable en muchos sentidos que esta tierra parezca al género humano […], jamás, según parece, contuvo nada más glorioso que este hombre, nada más santo, nada más admirable y precioso. Brotan los cantos de su pecho divinamente inspirado y

---

[12] Diógenes Laercio le atribuye actos revolucionarios, que evocan la atmósfera de 1793. Provocó, se dice, la insurrección popular contra la tiranía, rechazó enseguida el poder que se le ofrecía, y quiso establecer la igualdad política.

[13] Escribió también un poema histórico sobre la *Expedición de Jerjes*, otro, *Proemio para Apolo*, los «*Políticos*», y una obra *Sobre la medicina* [el tratado *Médico*]. Se le atribuye además una cuarentena de tragedias; pero el asunto era ya discutido por los historiadores griegos; es probable que su autor fuera otro Empédocles.

exponen sus excelsos hallazgos; increíble parece que descienda de estirpe de hombres[14].

Pero si el entusiasmo de los fieles que bebían su palabra y el celo de los discípulos que se nutrieron de sus escritos creyeron inmortalizarlo haciendo de él un dios, si ellos envolvieron su vida con una insulsa hagiografía, maravillosa y risible, como una Leyenda Dorada en la que se colaría la ironía volteriana de las épocas posteriores[15], nosotros debemos hacer hoy un trabajo inverso y reencontrar en él al hombre, que nos es más querido que el dios, pues nos es más cercano; compartió nuestra suerte, comió nuestro pan de esperanza y de pesares; intentó traer a la «raza miserable de los mortales»[16] la palabra que libera.

Es necesario volver a situarlo en su pueblo y en su tiempo, sobre la tierra de Sicilia y bajo la luz del siglo que lo bañó[17]. El sol de Grecia iba a alcanzar el cenit, cuando él era

---

[14] [Lucrecio, *De rerum natura. De la Naturaleza*, traducción de Eduard Valentí Fiol, Barcelona, Acantilado, 2012, Libro I, 716-733, p. 127. Rolland cita este texto sin poner la referencia. N. de la T.].

[15] La fuente principal para la vida de Empédocles es la biografía de Diógenes Laercio, absurda compilación donde se enredan las referencias históricas y los necios chismes.

[16] Empédocles, fr. 124.
[FP II, 592 (31 B 124), p. 288 N. de la T.].

[17] La vida de Empédocles se desarrolló entre el 492 y el 432. Nacido en Acragas, hijo del rico Metón y discípulo de Parménides, según Teofrasto, viajó mucho; vivió en Turios y en Olimpia, donde su poema *Purificaciones* fue solemnemente recitado. La participación muy importante que tuvo en los acontecimientos políticos de su ciudad le ocasionó el exilio. Siguió siendo mucho tiempo errante, y no se sabe dónde murió. Algunos dicen: en el Peloponeso. Se sabe que una leyenda heroico-cómica se formó alrededor de su desaparición mis-

niño. Su corazón de adolescente se estremeció de las emociones más gloriosas de la patria helénica. Tenía doce años cuando esta venció a Asia en Salamina y a África en Hímera (480); la resonancia de estas luchas épicas se prolongó más tarde en uno de sus poemas, dedicado a la *Expedición de Jerjes*. De las dos victorias gemelas[18], la una, la de Hímera, tuvo por triunfador al señor de Agrigento[19], Terón, el sabio tirano, y llenó la ciudad de botín y de esclavos. La juventud de Empédocles, nacido de una familia ilustre, floreció en las horas magníficas donde su ciudad, rebosante de riquezas y de gloria, embriagada de voluptuosidad, «amiga del esplendor» —Φιλάγλαος Ἀκράγας— conquistaba la libertad, cincelaba con las manos de millares de cautivos cartagineses su ornato de templos; y Píndaro la cantaba como «la más bella de las ciudades mortales»[20].

Muy pobre es la Girgenti de hoy. Pero en su entorno admirable de colinas, cuyo anfiteatro de suaves pendientes abraza el amplio mar, un día lejano de febrero en que yo descendía hacia la franja de su playa pedregosa, donde, como en la *Vision antique* de Puvis de Chavannes[21], pequeños caballos

---

teriosa: la narran Diógenes Laercio, Suidas, Estrabón. Otra versión de Heráclides del Ponto es como un Evangelio de la Transfiguración.

[18] A la tradición, que menciona Heródoto, le gusta creer que se libraron el mismo día.

[19] Adopto para este relato el nombre que nos es más familiar, de Agrigento, aunque sea posterior a la época de Empédocles. El nombre griego de la ciudad era Acragas. Hoy, Girgenti.

[20] Píndaro, *Pítica XII*.

[*Odas y fragmentos,* traducción de Alfonso Ortega, Madrid, Gredos, 1984, p. 212. Pítica dedicada a Midas de Agrigento. La expresión griega anterior también pertenece a esta misma *Pítica*. N. de la T.].

[21] [*Vision antique* es una las pinturas con las que Pierre Puvis de Cha-

blancos galopaban, la ciudad estaba desierta y sus habitantes banqueteaban al pie de los templos, cuyas ruinas armoniosas entre los olivos hacen como el broche de su cintura. Y, destacándose de un grupo, una joven vino a ofrecerme algo de beber. Y cuando pregunté: «¿Cuál es la fiesta de hoy?», ella me respondió: «Hoy, hace buen tiempo».

Hacía buen tiempo a menudo cuando vivía Empédocles, y cada bello día era una fiesta para este pueblo voluptuoso, que saboreaba la vida, sin pasiones tumultuosas, con la finura del griego y la blanda sensualidad del africano. Empédocles decía de sus conciudadanos: «Son insaciables en el goce, como si tuvieran que morir mañana; y construyen sus palacios, como si tuvieran que vivir eternamente». Él mismo compartía su gusto por el fasto: iba por las calles de Agrigento escoltado por jóvenes esclavos, un aro de oro alrededor de su larga cabellera, coronado de laurel, calzado con sandalias de bronce, el aire impasible y principesco.

Pero estos años radiantes de la ciudad de Perséfone no tenían la despreocupación y el ruido de una Nápoles moderna, de una Nápoles de todos los tiempos. La sonrisa de Agrigento se afinaba con una sombra de tristeza escondida. A imagen de su pueblo, Empédocles estaba marcado por esta melancolía, que Aristóteles ha notado en él[22]. Los hombres de ese tiempo, testigos y algunas veces actores de las grandes catástrofes que arruinaban en un día las más orgullosas ciudades, guardaban en el fondo del corazón el

---

vannes (1824-1898) decoró la escalera del Museo de Bellas Artes de Lyon; en esta composición concreta aparece una Grecia idealizada. N. de la T.].

[22] Bignone ve analogías entre la época de Empédocles, que sucede al racionalismo irónico de Epicarmo, y el romanticismo de Jean-Jacques y de Châteaubriand, en reacción contra el escepticismo volteriano.

temblor sagrado, que se siente a lo largo de las páginas de Heródoto, la religiosa «*convicción*, como él dice, *de la inestabilidad de la felicidad de las ciudades y de los hombres*». Y la sabiduría del siglo se expresaba por boca de Solón el ateniense al vanidoso Creso:

Así, pues, Creso, el hombre es todo azar […]. Pero antes de que llegue a su fin, suspende el juicio […]. Pues a muchos a quienes Dios [τὸ θεῖον] había hecho entrever la felicidad, los destruyó de raíz[23].

¡Presentimiento demasiado justificado! Setenta años después de su triunfo en Hímera, Agrigento pereció a manos de Cartago, a su vez victoriosa.

Hemos olvidado demasiado la gran ley de las vicisitudes, el flujo y reflujo de las alegrías y los dolores, de la gloria y del desastre, que es la esencia misma de la Díke universal, —hemos olvidado la sabiduría suprema de la aceptación, de la εὐαρέστησις. Vivimos, después de siglos, en ciudades muy bien construidas. Ellas nos crean una ilusión. Nuestra vida, que se nos escapa, se engaña al encontrar en ellas el jarrón valioso que conservará algunas gotas de nuestra memoria, el olor de nuestros pensamientos. ¡Esperanzas frágiles! ¡Escuchemos! ¡Escuchemos el cañón que destruye Reims y Amiens![24] La belleza de Padua y de Venecia muere.

El espíritu, como un pájaro perdido en medio del ciclón, ve sus nidos arrancados, los árboles que le servían

---

[23] [Heródoto, *Los nueve libros de la historia*, traducción de María Rosa Lida de Malkiel, Barcelona, Orbis, 1987, Libro I, 32, p. 25. N. de la T.].

[24] Estas páginas fueron escritas, durante la última acometida alemana sobre París, al comienzo de la primavera de 1918.

de abrigo, sacudidos, y busca más allá de la zona devastada un refugio donde posarse. Las almas de la Magna Grecia levantaban el vuelo rápidamente hacia las riberas místicas del Orfismo. Esta nueva religión, nacida de la angustia de los pueblos, que no encontraba ningún auxilio en el esplendor indiferente de los aristocráticos olímpicos, hizo, como el cristianismo, seis o siete siglos más tarde, descender al Dios del cielo sobre la tierra. Hijo de una mujer, como Cristo, Dionisos se había encarnado en el hombre, *et homo factus est*, había sufrido como tal; y el hombre unido a su Dios compartía su Pasión y su Resurrección. Las murallas del Olimpo, el Louvre del rey Zeus, no encerraban ya a los dioses. Por la brecha habían entrado los pueblos. Lo divino era de todos. Todos podían aspirar a ello, y una fe oscura, que se envolvía de mitos bárbaros y apasionados, lentamente penetraba en las almas con el sentido de la unidad eterna de los hombres y de los dioses, con la sed de la inmortalidad, y con la esperanza de saciarla, por la vía del éxtasis y de la purificación.

En ninguna otra parte las corrientes órficas estaban tan ampliamente extendidas como en Sicilia y en la Italia del sur. Bignone lo explica con exactitud. Grecia estaba defendida contra el vértigo del más allá por su realismo idealista, que hacía de la ciudad objeto tangible de su culto. La ciudad era la unidad viviente que agrupaba todas las fuerzas morales de los ciudadanos y que las exigía. Pero esta unidad no era posible más que en las ciudades de población poco numerosa y relativamente homogénea, como las ciudades griegas. En Sicilia era de otra manera. Las ciudades estaban superpobladas; todas las sangres, de Europa, de África, de Oriente, vertidas en la misma copa, se mezclaban sin fusionarse; las fortunas colosales se codeaban con la miseria; este caos y estos contrastes eran poco favorables a una fraternidad cívica. Pensemos en las ciudades de América, que han crecido en una sola noche, y donde se precipitan los emigrantes de todas las partes de la tierra. La unidad de la ciudad, en Agrigento o Siracusa, no se realizaba más que en el tirano fastuoso y temido, verdadero Príncipe del Renacimiento, que se imponía por la fuerza, la gloria y la astucia, a un pueblo siempre dispuesto a rebelarse. ¿Cómo una ciudad semejante hubiera podido satisfacer las aspiraciones profundas de las almas? No podía inspirar más que los cantos, magníficos, pero por encargo, de poetas laureados, como Píndaro. Y Píndaro mismo revela que, en la corte del príncipe, en el corazón de Terón, la realidad social no era lo bastante plena, a pesar de su resplandeciente luz, para borrar la nostalgia de un mundo sobrenatural. La patria no era suficientemente vasta, ni construida con suficiente profundidad: no bastaba. Hacía falta una patria eterna: la ciudad divina. Y para que pudiera contener estas multitudes de hombres, que los contrastes extremos de raza, de condición, de fortuna, de pensamiento, entre ricos y pobres, amos y esclavos, griegos, fenicios, sicanos y púnicos separaban bruscamente a los unos de los otros, hacían falta los brazos inmensos del Dios infinito. A los griegos de la tierra y de la edad clásicas, a los grandes intelectualistas de Atenas, les repugnaba esta concepción, que chocaba con su individualismo, no menos que con su clara razón. Pero respondía a las necesidades de la Grecia de ultramar, de esas cosmópolis donde se esbozaba el sueño moderno de una comunidad mundial, de una pan-humanidad.

Poeta visionario, profeta precursor, Empédocles osa abrir las columnas de Hércules del espíritu mediterráneo a las perspectivas oceánicas del ἓν ἅπαντα, del Dios infinito. Es este Dios atlántico el que llena sus poemas con el ritmo de su flujo y de su reflujo eterno, del drama místico del mundo, donde todos nosotros somos arrojados.

* * *

Dos poemas. Dos puntos de vista de la misma tragedia. El uno, el Περὶ Φύσεως (*De rerum natura*): el vuelo del espíritu que planea, que domina el drama, y que lo escruta. El otro, las Καθαρμοί (*Purificaciones*): la ascensión del alma que lucha en contra y se libera de él[25].

Los personajes del drama: los elementos y las fuerzas cósmicas. Cuatro elementos: *Aidoneo* (la Tierra), *Nestis* (el Agua), *Hera* (el Aire), *Zeus* (el Fuego)[26]. Dos fuerzas: el

---

[25] Estos títulos de los poemas no son de Empédocles. Provienen de escoliastas antiguos. Es probable que Empédocles se contentase con llamarlos, bien *Mensajes* (frs. 5 y 24), o más bien *Himnos* (fr. 35). Con este último nombre, *Himnos físicos*, Menandro designaba los poemas de Empédocles y de Parménides. «Un himno del universo», decía Platón de su *Timeo*.

[26] Se sabe que esta teoría de los cuatro Elementos, «raíces de todas las cosas» (fr. 6), cuyo iniciador fue Empédocles, tuvo una fortuna extraordinaria. Se perpetuó en la ciencia hasta el siglo XVIII. [Aidoneo es uno de los epítetos para referirse a Hades. En cuanto a la asignación de esas cuatro divinidades a los cuatro elementos, el asunto ha sido ampliamente discutido por los intérpretes de Empédocles. Un sugerente estudio muy bien documentado y actualizado puede encontrarse en la obra ya referida de Peter Kingsley, *Filosofía antigua, misterios y magia. Empédocles y la tradición pitagórica*, Kingsley reinterpreta a Empédocles desde las influencias pitagóricas y gracias a un detallado análisis filológico de los textos. Según él, la verdadera relación entre dioses y raíces sería la siguiente: Zeus (aire), Hera (tierra), Hades (fuego) y Nestis (agua), *op. cit.*, p. 75. N. de la T.].

Amor (Φιλία, Φιλότης, Χάρις, Ἁρμονία); el Odio (Κότος, Νεῖκος, Ἔρις). Todos igualmente conscientes, como la substancia entera. Todos, formas primeras de individualidades distintas y gigantescas, titanes, genios (δαίμονες), dioses en el curso milenario (θεοὶ δολιχαίωνες, *Numi longevi*). Su reunión, cuyas combinaciones y proporciones numéricas varían al infinito, constituye el ζῷον divino, el mundo, del cual ellos son los miembros temblorosos, *maxima mundi membra*.

El drama: el combate encarnizado de las dos fuerzas, que agitan, amasan, disgregan los elementos. La Ley oscura que lleva a estos gigantes, y la protesta del alma universal contra «la insoportable Ananke» que ella aborrece[27] y sufre; su espera eterna de la liberación suprema; su aspiración eterna al Amor y a la Paz. *Amor Pacis*…

¡Oh, divina Armonía! Te veo despuntar a lo lejos, en el abismo de mi noche, como el fulgor de una estrella entre el desgarrón de las nubes. Tiendo las manos hacia ti. Las tinieblas te recubren y se vuelven a abrir. Tú reapareces, más cerca. ¡Yo te deseo, te deseo! La noche palidece, y tu llama me aspira. Soy tuyo. Te tengo. Tú me tomas y yo te tomo. Desaparezco en ti. ¡Oh, alegría! Estoy al final… ¿Al final? No lo hay. ¡Recae y recomienza!

Hay un oráculo de la Necesidad, antiguo decreto de los dioses,
eterno, sellado con vastos juramentos [que dice]:
Cuando alguien pecaminosamente mancha sus miembros
                                        [con sangre derramada
o, errado [por causa del Odio] emite un vano juramento,

---

[27] Empédocles, fr. 116.
[FP II, 584 (31 B 116), p. 287. N. de la T.].

estos, espíritus que tienen asignada una larga vida,
por treinta mil estaciones deben vagar lejos de los Bienaventurados,
naciendo a lo largo del tiempo bajo todo tipo de figuras mortales
que truecan uno por otro los penosos rumbos de la vida.
Pues el vigor del éter los empuja hacia el mar,
el mar los escupe hacia el suelo terrestre, la tierra a los rayos
del sol resplandeciente, y este los lanza a los torbellinos del éter:
uno los recibe del otro, pero todos los aborrecen.
Yo también soy ahora uno de ellos, exiliado de los dioses
[y vagabundo,
por haber confiado en el furioso Odio[28].

Y he aquí los cuatro actos, por los cuales, como un flujo circular, de cuenca en cuenca, el ciclo trágico del mundo corre eternamente[29].

Como la respiración regular de un pecho que se eleva y que desciende, un ritmo balanceado iguala entre ellos la duración de los cuatro periodos, y los opone, dos a dos. Dos periodos de plenitud: el imperio del Odio, y el del Amor[30]. Dos periodos de transición: del Odio al Amor, y

---

[28] Empédocles, fr. 115. Este admirable fragmento, de acento patético, es frecuentemente citado por los escritores antiguos. Se encuentra reproducido y comentado por Plutarco.
[FP ii, 583 (31 B 115), p. 286. N. de la T.].

[29] Algunos historiadores de Empédocles no han reconocido más que tres estadios del ciclo. Así H. von Arnim («Die Weltperioden bei Empedokles», en *Festschrift Theodor Gomperz*, Viena, 1902, pp. 16-27) suprime el primer periodo que vamos a describir y lo funde con el cuarto. Se encontrará en el volumen de Bignone (Apéndice ii) una larga discusión al respecto.

[30] El nombre exacto de la fuerza benéfica debería ser traducido más bien por *Amistad* (Φιλία) que por *Amor*.

del Amor al Odio, forman una doble génesis, de caracteres diferentes.

El relato de Empédocles comienza con el estadio del Odio. El cosmos está aniquilado; los Elementos, extraños entre sí, no tienen entre ellos ningún intercambio, ninguna comunicación. Como consecuencia, no hay vida:

> Allí ni se distinguen los veloces miembros del sol
> ni el frondoso género terrestre, ni el mar[31].

Cada uno de los Elementos separados forma una masa homogénea. Se rehúyen. La Amistad desterrada forma la zona externa del caos, que ella asedia.

Pero he aquí que, pasados los tiempos, una fisura se produce en el vaso cerrado del mundo, que llenaba el Odio. Él se escurre hacia fuera y huye muy lentamente. A medida que su nivel baja, «...tanto más se producía / la amable e inmortal embestida de la irreprochable Amistad»[32]. A su paso, los elementos separados se acercan y se mezclan. Un surco de vida se abre bajo la reja del arado. La presión recíproca de las dos fuerzas rivales desencadena en el inerte caos el movimiento en torbellino. En primer lugar, el Amor va derecho al centro del mundo, de donde el Odio se retira; y desde este núcleo primitivo, primer foco de unión, reconquista poco a poco, palmo a palmo, todo el resto de su imperio. Entre las dos fuerzas cósmicas se libra un combate

---

[31] Empédocles, fr. 27.
[FP II, 496 (31 B 27), p. 265. Rolland cita el fragmento como 26a ateniéndose a la edición de Bignone, en la cual se recogen por separado los fragmentos 26a y 27. N. de la T.].

[32] Empédocles, fr. 35.
[FP II, 505 (31 B 35), p. 268. N. de la T.].

gigantesco. Sus episodios son largos y diversos. Los adversarios, unas veces se agarran, otras se apartan, a fin de retomar aliento. El mundo que así se forma en la contienda participa en sus vicisitudes; y las primeras creaciones conservan mucho tiempo la doble impronta furiosa de los luchadores que se acoplan. De los «amplios crisoles» de la Tierra, donde el odio permanece parcialmente impregnado, primero surgen los esbozos monstruosos de vida, miembros dispersos y desunidos, o soldados por azar, todas las formas alucinantes que sueña la imaginación de las mitologías primitivas, y que, después, la paleontología ha reencontrado en el suelo. Estos monstruos inadaptados que, tumultuosamente, abren a tientas los caminos nuevos de la vida, perecen. Otras formas les suceden, inagotablemente; la Armonía victoriosa, que se extiende por el mundo, las penetra; y de repente se producen organismos hechos para vivir y durar. Así surge de la intuición del vidente siciliano el primer destello del principio darwiniano: la supervivencia de los seres mejor adaptados a la vida[33].

---

[33] Ver F-A. Lange, *Histoire du matérialisme et critique de son importance à notre* époque, París, C. Reinwald, 1877. Bignone observa que, si bien Empédocles no expresa el concepto de evolución como proceso de transformaciones imperceptibles, que sí se encuentra en Lucrecio, su pensamiento está muy próximo a la teoría de las variaciones repentinas de Hugo de Vries. Según Aristóteles (que lo critica), Empédocles decía que «muchos de los caracteres de los animales dependen de algún accidente sobrevenido en su generación»; y él ponía como ejemplo «la estructura actual de la columna vertebral, que provendría de una rotura a consecuencia de una torsión» (ver fr. 97 de Empédocles y nota de Aristóteles, *De partibus animalium*).
[FP II, 566 (31 B 97) (ARIST., *Part. Animal.* I, 1, 640a: «…La espina dorsal…»), y nota 275, p. 280: «Explica Aristóteles que la actual forma de la espina dorsal se debió a una rotura por torsión». N. de la T.].

Y ahora, el Odio ha huido a los límites del círculo. La victoria es completa. El Amor reina. Es el σφαῖρος divino, el mundo perfecto:

No hay disputa ni lucha inconveniente en sus miembros.
Pero [era] por todas partes igual ⟨a sí mismo⟩ y completamente
[ilimitado,
redondo Esfero que goza de la quietud que lo rodea[34].

Σφαῖρος κυκλοτερὴς μονίη περιηγέι γαίρων[35].

Pascal, al reencontrar la imagen de Empédocles, evocará «la esfera infinita, cuyo centro está en todas partes, la circunferencia en ninguna». Pero la esfera de Empédocles es una esfera «pensante». El Dios infinito ha roto con la esclavitud de la imaginación antropomorfista; «...de su espalda no se elevan dos ramas, / ni hay pies en él, ni rodillas veloces, ni órganos genitales»[36]; es una conciencia sin orillas y sin fondo, la conciencia total, donde la inquietud febril de los seres individuales se borra en la beatitud de la armonía y del amor infinitos. Paz del alma y de las cosas. Llena el universo, en cuyas fronteras el Odio rechazado reúne en vano los hilos rotos de su tela de araña.

---

[34] Empédocles, frs. 27a, 28.
[FP II, 497 (31 B 27a) y 498 (31 B 28), p. 266. N. de la T.].

[35] [Rolland cita en griego la última frase del texto anterior: «redondo Esfero que goza de la quietud que lo rodea». N. de la T.].

[36] Empédocles, fr. 29.
[FP II, 499 (31 B 29), p. 266. En la edición española de Kirk y Raven, *Los filósofos presocráticos*, traducción de Jesús García Fernández, Madrid, Gredos, 1970, el término griego κλάδοι se traduce por manos y no por ramas, p. 455. N. de la T.].

Pero nada es eterno más que la ley eterna, que implacablemente hace girar la lenta rueda del ciclo. Después de un sueño, diez veces milenario[37], de alegría olímpica, donde los soplos de la vida parecen suspendidos, donde se deja de oír el péndulo del tiempo, la aguja silenciosa que continúa su caminar marca lo que Spitteler, en su *Olympischer Frühling* [*Primavera olímpica*], denomina: *Der hohen Zeit Ende* [*El gran final del tiempo*]. La bandera Olbia cae, y el pequeño niño Eidolon huye del palacio de los dioses, con el murmullo feliz de su pequeña canción …

> Pero una vez que el magno Odio se crio en sus miembros
> y se lanzó en busca de sus prerrogativas, al cumplirse el tiempo
> que, ciertamente, les fue establecido por el vasto juramento…
> Todos los miembros del dios se agitaron unos tras otros[38].

Comienza el cuarto periodo del mundo, el de la conquista del mundo por el Odio. Tiene para nosotros un triste encanto. Es en el que vivimos.

*   *   *

---

[37] Si, como es probable, cada uno de los cuatro periodos tiene, dentro del sistema de Empédocles, igual duración, el reino del Amor sería de «treinta mil estaciones» (fr. 115), esto es, diez mil años, según el cálculo de Dieterich (*Nekyia*), citado por Bignone.
[FP II, *op. cit.,* 583 (31 B 115), p. 286. Respecto a la alusión a Dieterich, se refiere al filólogo clásico Albrecht Dieterich (1866-1908) y a su obra *Nekyia: Beiträge zur Erklärung der neuentdeckten Petrusapokalypse*. N. de la T.].
[38] Empédocles, frs. 30 y 31.
[FP II, 500 (31 B 30) y 501 (31 B 31), p. 266. N. de la T.].

Observémoslo entonces más de cerca. Además, este periodo es la parte del poema que Empédocles ha tratado con mayor detalle. Lo describe dos veces en sus dos poemas: desde fuera, con la calma desinteresada del sabio que observa; desde dentro, con el estremecimiento de un corazón que se siente arrastrado por la ley inexorable.

El Odio ha hecho su entrada, ha cortado los vínculos de amor que mantenían el *Sphairos* enlazado. Los *maxima mundi membra*, los elementos, tiemblan y se desatan: primero el más ligero, el aire, se pone a girar; después, el fuego[39]. Sus grandes masas que forman dos hemisferios, de densidad y peso diferentes, dan origen al movimiento en torbellino, que arrastra los cielos alrededor de nosotros. La tierra queda en medio, más pesada, sostenida por la fuerza centrífuga. El sol, núcleo lenticular de aire vitrificado por el fuego, la envuelve y la quema con el brillo que él refleja del hemisferio ígneo. Su abrazo ardiente y la fricción de la esfera celeste que lleva una rotación vertiginosa hacen gotear de la tierra el agua que ahí estaba mezclada, «Mar, sudor de la tierra»[40]. Del océano se evapora el aire que él

---

[39] Aristóteles atribuye, en la doctrina de Empédocles, un lugar preponderante al Fuego. Él dice que de hecho los cuatro Elementos se reducen a dos: pues el Fuego está opuesto siempre a los otros tres juntos (*Metafísica*, I, 4).
[«Fue también el primero en decir que eran cuatro los elementos llamados de especie material (pero no utiliza los cuatro, sino como si fueran dos solos; el Fuego en sí, por una parte, y, por otra, los opuestos, como una sola naturaleza: la Tierra, el Aire y el Agua. Esto puede verse leyendo su poema)». Aristóteles, *Metafísica*, traducción de Valentín García Yebra, Madrid, Gredos, 1982, I, 4, 985a31-985b3, pp. 32-33. N. de la T.].

[40] [FP II, 525 (31 B 55), p. 271. Rolland cita el texto sin dar la referencia. N. de la T.].

contenía todavía, y este aliento constituye la atmósfera húmeda, ὑγρὸς ἀήρ, distinta del éter celeste, τιτὰν αἰθήρ[41] y que, más pesada que él —pues ella está mezclada con agua— ocupa la región entre la tierra y el cielo. Al fin, en este universo, brota la vida orgánica.

Se recuerda que ya una vez, en el estadio de tránsito entre el reinado del Odio y el del *Sphairos*, había aparecido la vida. Pero la génesis de entonces era muy diferente. Se producía por erupciones de masas fragmentarias, de formas monstruosas, prodigadas y echadas a perder, hasta que al fin surgieron aquellas que podían vivir. En el nuevo estadio, que es el nuestro, la vida germina y crece, al contrario, por evolución continua. En primer lugar, los vegetales, los más próximos a la unidad del *Sphairos* perdido: puesto que los sexos todavía están allí unidos. Después, los animales y el hombre.

El poema de Empédocles describía, a modo de una extensa enciclopedia natural, la formación de nuestro mundo viviente: los eclipses de sol, las fases de la luna, las estaciones, la meteorología, la formación de los cristales y de las rocas, que son obra del fuego, y la zoogonía. Sobre todo, él estudiaba, con la predilección del médico Alcmeónico y los chispazos de genio en un crepúsculo de errores, de los cuales más de uno es fecundo, la anatomía y la fisiología humanas, la composición química de los huesos[42], la respiración y la circulación de la sangre, los efluvios y los poros, la generación sexual y la embriología, la estruc-

---

[41] «... y el titán éter, que encierra todas las cosas en su ciclo», Empédocles, fr. 38.
[FP ii, 508 (31 B 38), p. 269. N. de la T.].

[42] Empédocles, fr. 96.
[«...Y nacieron los blancos huesos / milagrosamente ajustados con el cemento de Armonía», FP ii, 565 (31 B 96), p. 280. N. de la T.].

tura de los sentidos y especialmente del ojo, la teoría de las sensaciones, la atracción de los semejantes[43], el placer y el dolor, por último, el pensamiento que explicaba mediante su órgano, la sangre:

αἷμα γὰρ ἀνθρώποις περικάρδιόν ἐστι νόημα[44]

las relaciones múltiples de lo físico y de lo moral, el genio mismo (artístico, oratorio) condicionado por los dones físicos[45], los sueños y la locura.

Admiro en esta amplia construcción la ayuda que la intuición del poeta aporta a la ciencia naciente. ¡Feliz primavera del espíritu, donde la razón soñaba y el sueño razonaba, donde ciencia y poesía eran las dos alas de la sabiduría humana! El pensamiento de Empédocles no estaba encerrado en el cuerpo delgaducho y encorvado, en la habitación estrecha, en el claroscuro a la Rembrandt, en el universo abstracto del autor de la *Ética*[46]. Es el soplo armonioso de las «Musas sicilianas», como dijo Platón (Σικελαί Μοῦσαι)[47]. Tiene su marcha suave, orgullosa, un poco lán-

---

[43] Empédocles, fr. 90.
[«Así lo dulce cogió a lo dulce, lo amargo se lanzó sobre lo amargo, / lo agrio fue hacia lo agrio, y lo cálido se colocó sobre lo cálido», FP II, 559 (31 B 90), p. 279. N. de la T.].

[44] Empédocles, fr. 105: «...pues la sangre que rodea el corazón es para los hombres la inteligencia». Veremos más adelante que Empédocles distingue entre el alma inmortal y el pensamiento individual.
[FP II, 574 (31 B 105), p. 282. N. de la T.].

[45] Ver los pensamientos y fragmentos de Teofrasto, *De sensu*.

[46] [Se refiere a la *Ética* de Spinoza. N. de la T.].

[47] Platón, *Sofista*, 242d. Empédocles pone su Περὶ Φύσεως bajo la invocación de la «Musa, virgen muy celebrada de blancos brazos», fr. 4.

guida. Está, como Empédocles mismo, coronado de violetas. Sus ojos reflejan curiosamente el refinado y alegre espectáculo de «la rubia Acragas», de sus calles, de sus campos. Sus comparaciones, extraídas de las artes y de los oficios, muestran que, como el malicioso e ingenioso Sócrates, el soñador sabía hábilmente atrapar con una mirada las imágenes flotantes sobre los caminos, sobre las plazas, al borde de las fuentes risueñas, o a través de las puertas abiertas de las tiendas de artesanos. ¿Quiere hacer comprender cómo la infinita variedad del mundo puede nacer de las combinaciones de los únicos cuatro Elementos? Evoca la técnica de los pintores de su tiempo, «hombres bien diestros en su arte por la comprensión que poseen», que, haciendo pequeños cuadros votivos, y disponiendo de una paleta de cuatro colores solamente (blanco, negro, amarillo y rojo), «…tomando pinturas multicolores en sus manos / y mezclándolas con armonía, con un poco más de unas y menos de otras, / ejecutan con ellas figuras que se asemejan a todas las cosas, / creando árboles, hombres y mujeres, / fieras, aves y peces que se nutren en el agua, / y también dioses de larga vida, superiores en dignidad»[48]. Intenta explicar por qué la tierra permanece suspendida en el medio del torbellino de aire y de fuego más ligero que la rodea, se acuerda de los malabaristas que hacen girar pequeños vasos llenos

---

[FP II, *op. cit.*, 472 (31 B 3), p. 256. Hay que recordar que Rolland cita según la edición de Bignone, cuya numeración de fragmentos no siempre coincide con la edición española que estoy utilizando y que sigue la numeración de Diels y Krank, como ocurre en este caso concreto. N. de la T.].

[48] Empédocles, fr. 23.
[FP II, 492 (31 B 23), pp. 263-264. Esta referencia también incluye la cita inmediatamente anterior. N. de la T.].

de agua, sin que el agua se derrame[49]. La teoría de la respiración y de la circulación de la sangre le inspira esta graciosa imagen (si no es más bien la imagen la que ha sugerido la teoría): «…Tal como cuando una muchacha / juega con una clepsidra de brillante bronce: / Cuando coloca su esbelta mano sobre la boca del tubo / y la sumerge en la masa de agua plateada que retrocede, / nada de lluvia penetra en el vaso, sino que es apartada / por el volumen de aire que presiona desde dentro sobre los abundantes orificios, / hasta que ella deje de contener la abundante corriente». Así, el flujo del aire no puede penetrar dentro de los poros del cuerpo humano, hasta que «la delicada sangre que se agita a lo largo de los miembros»[50] haya retrocedido al interior; y cuando la sangre vuelve, el aire expirado se retira; y la vida se ordena rítmicamente por el flujo alterno de dos arroyos que la alimentan[51]. En otro pasaje, el trabajo de la Amistad que mezcla y coagula los Elementos dispersos es comparado rústicamente a «cuando el jugo de higuera hizo cuajar y cohesionó la blanca leche»[52].

---

[49] Aristóteles, *De caelo*, II 13, 205a.
[«Otros, como Empédocles, [dicen] que es el movimiento del cielo el que, rotando en círculo con mayor rapidez, impide el movimiento de la tierra. Es comparable al agua en las copas, pues cuando la copa es agitada en círculos tampoco cae a pesar de que muchas veces se halla debajo del bronce y sería lo natural para ella dirigirse hacia abajo». FP II, pp. 206-207. N. de la T.].

[50] [FP II, 569 (31 B 100), p. 281. Esta referencia también incluye la cita inmediatamente anterior. N. de la T.].

[51] Empédocles, fr. 100.
[FP II, 569 (31 B 100), p. 281. N. de la T.].

[52] Empédocles, fr. 33.
[FP II, 503 (31 B 33), p. 267. N. de la T.].

Más de una vez, la visión del artista sugiere al sabio la intuición fecunda:

Lo mismo son los pelos, las hojas, las espesas alas de los pájaros y las escamas nacidas sobre los robustos miembros[53].

Así ven, así piensan Leonardo y Goethe. En la mirada del poeta siciliano se ha esbozado la morfología comparada.

* * *

Pero el corazón de Empédocles no puede contentarse con describir el mundo en que vivimos. Sufre sus sufrimientos, sus fealdades, sus maldades.

¡Ay! Oh raza miserable de los mortales, del todo desventurada, de qué discordias y lamentos habéis nacido[54].

Según el mito de los pitagóricos, la arcilla humana está empapada de las lágrimas de Prometeo…

…Nestis, que con sus lágrimas hace brotar la fuente mortal[55].

No sin impunidad se recuerda el paraíso perdido, el *Sphairos* desaparecido. El infierno no es para Empédocles,

---

[53] Empédocles, fr. 82.
[FP II, 551 (31 B 82), p. 277. N. de la T.].

[54] Empédocles, fr. 124.
[FP II, 592 (31 B 124), p. 288. N. de la T.].

[55] Empédocles, fr. 6. «Nestis» es para Empédocles el nombre del Agua. Y los pitagóricos llamaban al agua «la lágrima».
[FP II, 475 (31 B 6), p. 257. N. de la T.].

como para los cristianos, una pesadilla del futuro, él está aquí, presente. El infierno es nuestra vida, «…Triste región / donde el Asesinato, el Rencor y otros grupos de deidades funestas, / las míseras Enfermedades, la Corrupción y las obras disolventes, / merodean en la tiniebla sobre los prados de la Fatalidad (Ἄτης λειμῶνα)»[56]. La vida terrenal es la muerte. Y el cuerpo es una tumba. Σῶμα = σῆμα. El cuerpo es una mortaja de carne, con cuyo Φυσώ, el Hada Nacimiento nos ha revestido[57]. El cuerpo es «la tierra que envuelve a los mortales»[58], como un sudario. El Odio nos ha matado, de nosotros ha hecho muertos[59].

¡Abrumador pensamiento, si no supiéramos que esta muerte no será eterna! El tiempo, que nos ha hecho descender hasta aquí, nos hará ascender de nuevo. En su Eterno Retorno, el paraíso de Empédocles no está solamente antes, está también después: detrás de nosotros, la edad de oro; delante de nosotros, el cielo se vuelve a abrir. Sí, ¡pero cuán lejos delante de nosotros! Y hasta entonces, siempre «el Prado febril de la Fatalidad», ¡la interminable llanura maldita, la Maremma[60] cósmica

---

[56] Empédocles, fr. 121.
[FP II, 589 (31 B 121), p. 287. N. de la T.].

[57] Empédocles, fr. 126.
[FP II, 594 (31 B 126), p. 288: «La reviste con una túnica de carne que le es extraña». N. de la T.].

[58] Empédocles, fr. 148.
[FP II, 616 (31 B 148), p. 293: «[El cuerpo,] tierra que envuelve a los mortales». N. de la T.].

[59] Empédocles, fr. 125.
[FP II, 593 (31 B 125), p. 288: «De los vivientes hace muertos, cambiando sus figuras, / [y de los muertos, vivientes]». N. de la T.].

[60] [La Maremma es una extensa región italiana que abarca parte del Lacio

de pútridos miasmas!... En nuestra caída vertiginosa, ni siquiera hemos tocado todavía el fondo del abismo. ¿Basta la fe en una ascensión futura del alma sepultada para curar el dolor de los que tienen la desgracia de pertenecer a una edad que se derrumba? Y, además, ¿no se nos ha dicho que la nueva primavera será seguida de un nuevo declive?[61], ¿y no añade a la esperanza un regusto amargo la obsesión de esta rueda implacable que no cesará jamás de girar?

Sin duda, aunque el alma de los griegos, más viril que la nuestra y más aristocrática, no tuvo necesidad, para vivir y para amar la vida, de ese terrón de azúcar que se promete a los niños y que los viejos niños, las democracias del Antiguo y del Nuevo Mundo, estas sirvientas dominantes que se instalan en nuestra casa, exigen con frenesí: la promesa del progreso. La claridad del espíritu helénico no seguía en absoluto en una subida indefinida la flecha voladora del arco hacia el cielo; la veía elevarse, curvarse y volver a caer; y el instinto estético del bello diseño que envuelve las formas con contornos precisos y cerrados predisponía a los griegos, como muestra Bignone, a la orgullosa concepción del Ciclo cósmico. La idea de que la civilización muchas veces ha subido y descendido la pendiente se enuncia en Platón, en Aristóteles y en los estoicos[62]. Empédocles, como los grandes espíritus griegos, debía saborear la pode-

---

y de la Toscana. El empleo de esta metáfora geográfica se explica porque en el pasado la región era una zona pantanosa e insalubre. N. de la T.].

[61] Empédocles, fr. 16, referido a la Amistad y al Odio: «Pues así como antes eran, así también serán, y nunca, creo, / el Tiempo inconmensurable quedará vacío de este par». [FP II, 485 (31 B 16), p. 259. N. de la T.].

[62] La idea del Progreso se encuentra, sin embargo, enunciada en la cultura ática, especialmente en el *Protágoras* de Platón.

rosa embriaguez de este Orden eterno y de esta Razón fatal que gobiernan el universo, cual una epopeya[63].

Pero había en él algo que no era griego de ninguna manera, y algunas veces lo emparienta con los bárbaros atormentados de Oriente y de Occidente, que rodeaban el mundo griego y que lo invadieron, con los soñadores de la India, con los místicos cristianos, con los románticos modernos, con los Fausto de todos los tiempos. Su corazón se rebelaba contra la ley que embriagaba su espíritu. He citado la famosa sentencia:

Χάρις στυγέει δύστλητον Ἀνάγκην
[La Gracia] aborrece a la insoportable Necesidad[64].

Él buscaba escaparse de ahí, romper la Ananke, evadirse del ciclo donde su alma era barrida como una hoja. Bien que había reconocido el equivalente poder alternante del Amor y del Odio. Pero solo por el Amor toma partido[65].

---

[63] «Es bello entrelazar las ramas de los mensajes (de los himnos) en una corona, y alcanzar el fin por más de un sendero» (fr. 24). Tal es al menos la traducción que Bignone ofrece de este bello fragmento enigmático, y la que me parece más correcta y más rica de sentido. [Esta es la versión que Rolland nos ofrece del texto de Bignone. En cuanto a la edición española, la referencia es FP II, 493 (31 B 24), p. 264: «Haciendo que un extremo se toque con el otro / no se debe proseguir sólo uno de los senderos de mis relatos». N. de la T.].

[64] Empédocles, fr. 116.
[FP II, 584 (31 B 116), p. 287. N. de la T.].

[65] Aristóteles objeta a Empédocles que su *Sphairos* es menos completo que su *Cosmos*, puesto que no conoce el Odio. Y la objeción es, científicamente, correcta. Pero para Empédocles, como para los místicos cristianos, para los *Christian Scientists* [seguidores de la *Christian Science* o Ciencia Cristiana], el conocimiento del mal es una imperfección.

El Amor es «...mente sagrada (φρὴν ἱερή) e inefable, / que se lanza por el mundo entero con veloces pensamientos»[66]. Habla de ello con acentos religiosos:

> Obsérvala [la Amistad] con el intelecto, no quedes con ojos de
> [asombro:
> es ella a quien la consideran innata en los miembros de los mortales,
> y por ella tienen amorosos pensamientos y realizan amigables
> [tareas,
> llamándola por el nombre de Alegría o de Afrodita;
> sin que la haya percibido, yendo y viniendo entre ellos, ningún
> hombre mortal...[67].

A fin de dar a conocer a los hombres sus luchas y su Pasión sagrada en el ciclo eterno, para hacerles participar en ello conscientemente, revelándoles su presencia constante en cada uno de nosotros, para eso se han escrito los poemas de Empédocles.

En todo ser hay una armonía, y toda armonía procede del Amor. Armonía (Ἁρμονίη o Ἁρμονία) es el nombre mismo del Amor, cuando él modela nuestros miembros con los Elementos mezclados según las justas proporciones, y los fija con «los clavos de amor». No existe ningún ser que no sea una mezcla armónica[68]; cuando esta mezcla

---

[66] Empédocles, fr. 134 (clasificado 109d en el volumen de Bignone). [FP II, 602 (31 B 134), p. 290. N. de la T.].

[67] Empédocles, fr. 17. [FP II, 486 (31 B 17), p. 260. N. de la T.].

[68] Cf. la sentencia de Leibniz: *Existere nihil aliud esse quam harmonicum esse.* [La frase aparece en la obra de Leibniz, *De Arcanis Sublimium Vel De Summa Rerum*, A 6.3, 474. N. de la T.].

se enturbia, el equilibrio de la salud del cuerpo y del espíritu se tambalea[69]. Y en efecto, esta armonía es inestable e imperfecta en todo ser mortal. Pero lo poco que tenemos de paz y de alegría nos viene de ella. Y ella misma es un reflejo de la divina Armonía.

El hombre —el hombre ordinario— no tiene conciencia de ello. Está como rodeado de demonios y de hadas, benéficos, maléficos, que tiran de él en todas las direcciones; y se abandona a ellos oscuramente. En dos fragmentos famosos que Plutarco ha citado, y cuyo texto original es necesario leer para saborear los bellos nombres griegos, Empédocles evoca este enjambre de genios populares, que marchan en parejas de opuestos. Como en los cuentos, están allí, junto a la cuna del niño que nace, y lo toman bajo su tutela:

Estaban allí el hada Tierra (o la Terrestre χθονίν) y el hada Sol de
[larga vista,
la sangrienta Discordia y la Armonía de grave semblante (Ἁρμονίη
[θεμερῶπίς),
la Belleza (Καλλιστώ) y la Fealdad (Αἰσχρή), la Rapidez y la Tardanza,
la amable Veracidad y la Incertidumbre de negros cabellos…
El Nacimiento (Φυσώ) y la Decadencia (Φθιμένη), el Reposo y la
[Vigilia,
el Movimiento y la Quietud, la Grandiosidad de muchas coronas,
y la Mácula, el Silencio y la Voz…[70].

_____

[69] Fr. 20, donde Empédocles observa, como médico, la batalla entre la enfermedad y la salud, en el cuerpo humano. Su maestro Alcmeón veía en la enfermedad la ruptura de la armonía de las substancias, en beneficio de una sola, que «reinaba».

[70] Empédocles, frs. 122 y 123.
[FP ii, 590 (31 B 122) y 591 (31 B 123), pp. 287-288. N. de la T.].

En este caos poético, donde Empédocles hace hablar a la imaginación popular, el hombre se pierde si el iniciado no viene en su ayuda, no lo toma de la mano, no le muestra en este dédalo de formas la unidad escondida, la luz divina que está al final del camino y cuyos suaves reflejos llegan dentro de la noche a bañar hasta los rincones de sombra.

Pero es más fácil salvarse uno mismo que salvar a los otros.

Oh amigos, sé que la verdad está presente en las palabras
que yo pronunciaré; pero muy difícil se hace
para los hombres e irritante el impacto de la convicción sobre su
[ánimo[71].

A pesar de la muchedumbre que bebe ávidamente sus palabras y lo sigue, como otra muchedumbre seguirá al Galileo, bien sabe Empédocles que no lo comprenden; se ve obligado a escribir su Περὶ φύσεως para uno solo, para su discípulo preferido, Pausanias:

Pues las destrezas extendidas por los miembros son limitadas,
y muchos los males que los acosan y embotan sus pensamientos.
Y tras observar solo una pobre parte de una vida que no es vida,
destinados a muerte temprana, se fugan como humo al ser
[arrebatados,
persuadidos tan solo de aquello que cada uno encontró,
dispersados hacia todas partes, todos se jactan de haber
[descubierto la totalidad.

---

[71] Empédocles, fr. 114.
[FP II, 582 (31 B 114), p. 286. N. de la T.].

Y es así que esto no es visible a los hombres, ni lo pueden oír
ni puede ser abrazado por la inteligencia. Pero tú, ya que hasta
                                                [aquí te has acercado
te enterarás de no más de lo que la comprensión del mortal puede
                                                [alcanzar[72].

Otros genios, el inhumano Heráclito, o incluso el sabio
Goethe, supieron acomodarse a esta soledad en la verdad, o al
prudente compartir la luz con una discreta élite. Pero Empédocles es demasiado fraternal con los otros seres como para
conformarse con una alegría que a ellos les fuera negada. Por
muy fuerte que sea su legítimo orgullo, y aunque su ascen-
dente extraordinario sobre la multitud le cause, a veces, una
embriaguez muy natural, de repente se le ve volverse hacia sí
mismo, su exaltación decae y se juzga amargamente.

«¿Qué hay en él tan superior a los demás?» Después
de haber descrito con complacencia su entrada triunfal en
una ciudad, los honores unánimes, de los cuales se consi-
dera digno, y la acogida entusiasta de sus discípulos, que le
otorga la ilusión de que ya no es un mortal, sino un dios[73],
añade, con el tono de un poeta romántico:

¿Pero por qué me ocupo de estas cosas, como si realizase una gran
                                                [empresa,
puesto que me hallo por encima de los hombres mortales en todo
                                                [desgraciados?[74]

---

[72] Empédocles, fr. 2.
[FP II, 471 (31 B 2), p. 255. N. de la T.].

[73] Empédocles, fr. 112.

[74] Empédocles, fr. 113.
[FP II, 581 (31 B 113), p. 285. N. de la T.].

¿No es acaso uno de ellos? Mucho más, ¿no es cada uno de ellos? No solamente cada uno de los hombres, sino cada uno de los seres, de todos los seres. Pues cree, como Pitágoras y los hindúes, en la transmigración del alma, que transita, en el curso de los siglos, de una forma a otra, no llevando con ella más que su equipaje de méritos y de faltas, alcanzando su salvación a través de milenios de pruebas, pero ante este largo calvario él cree haber estado en comunión realmente con la carne de todo lo que vive y sufre y muere en el universo:

Yo ya he sido antes un muchacho y una muchacha,
un arbusto, un pájaro y un mudo pez de mar[75].

¿Cómo, entonces, podría desinteresarse de la salvación de los otros, de los otros que son él mismo? ¡Qué locura el egoísmo, y qué obcecación! Si tú quieres salvarte, es necesario que tú los salves. Puesto que tú fuiste, o serás ellos. Tú eres ellos.

*   *   *

Por eso Empédocles no es solamente un erudito y un sabio, es también un apóstol. Cree en su misión. No la elude jamás. Tanto a su querido discípulo, como a la humilde multitud, a todos abre sus brazos:

Cuando llego a las villas florecientes, por ellos,
hombres y mujeres, soy adorado. Y me siguen

[75] Empédocles, fr. 117.
[FP II, 585 (31 B 117), p. 287. N. de la T.]

a miles preguntándome dónde está el camino que lleva al beneficio,
los unos requiriendo vaticinios, los otros, para las enfermedades
más diversas buscan escuchar una palabra curativa,
pues desde hace tiempo están atravesados por arduos ⟨dolores⟩[76].

Médico de los cuerpos y de las almas, se interesa por
todas las heridas; taumaturgo como Jesús, resucita a la hija
de Jairo[77]. Pero de espíritu más científico que el Galileo, y
orientado más hacia las realidades prácticas, no solamente
abre a los hombres el reino de los cielos, se esfuerza por
volver más habitable el de esta tierra. Sofoca la peste; sanea
el territorio de Selinunte; resguarda Agrigento contra los
vientos etesios[78]; no teme tomar la iniciativa de las luchas
sociales, que liberan su ciudad del yugo de los tiranos, y
que dejan el campo libre a la democracia; quiere la igualdad política[79]; quiere la instauración, en la gran familia

---

[76] Empédocles, fr. 112.
[FP II, 580 (31 B 112), p. 285. N. de la T.].

[77] Cf. Diógenes Laercio.
[FP II, 248 (31 B 112) D.L., VIII 60-61, p. 142: «Heráclides en su obra
De las enfermedades dice que también a Pausanias le reveló el episodio
de la [mujer] sin respiración… Agrega Heráclides que la mujer sin
respiración se hallaba de tal manera que desde treinta días se mantenía
sin aspirar y sin pulsaciones en el cuerpo». N. de la T.].

[78] Empédocles, fr. 111, donde él enumera a Pausanias los poderes
científicos o mágicos, en los cuales le hará maestro, para combatir los
males y gobernar la naturaleza.

[79] Cf. Diógenes Laercio.
[FP II, 260 (31 A 1) D. L., VIII 72, p. 145: «Neanto de Cízico, que
también habló de los pitagóricos, cuenta que después de morir Metón
se gestó un gobierno tiránico; entonces Empédocles persuadió a los
agrigentinos de que aplacaran las querellas y que dispusieran la igualdad política». N. de la T.].

humana, de «la ley que vale para todos»[80]; su afectuoso genio es acogedor de los débiles. Como Pitágoras y Jesús, no excluye de su iglesia a las mujeres, y ellas son sus discípulas. Como el viejo Miguel Ángel, tiene el delicado pensamiento de dar una dote a las jóvenes pobres. Y lo mismo que una aparición femenina irradia sobre el pensamiento de Dante y corona el de Augusto Comte, se ha señalado que el Dios de Empédocles —el que salva el mundo— es una mujer. En todas partes, sustituye el Eros de los Órficos por una personificación femenina: Φιλία, Φιλίη, Φιλότης, Ἁρμονία, Χάρις, Afrodita, Cipris.

Para la multitud humana de los «llorosos»[81] escribe sus *Purificaciones*, a fin de salvarlos. El sabio, el iniciado, que en el Περὶ φύσεως revelaba sus secretos a un único discípulo, se dirige ahora, desde la tribuna más alta del mundo griego, desde la Olimpia donde su poema es cantado por el rapsoda Cleómenes, a toda la humanidad. *Also sprach Empedokles*. El profeta habla. No busca ya explicar su doctrina a través de razones científicas. Proyecta a su alrededor el resplandor de su fe, que se atavía de imágenes resplandecientes, de mitos fascinantes, cuyo mágico efecto no se ha perdido para el rico y sutil arte de Platón[82]. Su ciencia se hace acción. Es necesario —lo comprendan ellos o no— ayudar a los hombres a evadirse de la Ἄτη (Fatalidad), de la Desgracia, donde ellos están exiliados, igual que, en el

---

[80] Empédocles, fr. 135.
[FP II, 603 (31 B 135), p. 290. N. de la T.].

[81] «ἀνδρῶν τε πολυκλαύτον τε γυναικῶν» (Empédocles, fr. 62).
[FP II, 532 (31 B 62), p. 273: «Y ahora, vamos, oye cómo a los nocturnos retoños de hombres y mujeres / llorosas...». N. de la T.].

[82] Platón se inspira sobre todo en Empédocles en su *Timeo*.

fresco del *Juicio Final* se ve a los que ya han conseguido ascender tender la mano a los que pesadamente se debaten abajo. Hay que enseñarles cómo el alma se purifica y puede redimir sus errores, para alcanzar la Dicha.

¡El alma! ¡Qué extraño misterio en la doctrina de Empédocles! Como señala Bignone, la ψυχή no aparece más que una sola vez en los dos poemas, y es en el sentido homérico de «vida». Esta alma vital y consciente es un alma física, cuyo órgano es la sangre, y que muere con ella, o más bien se transforma, puesto que:

…no existe nacimiento de ninguno de los
seres mortales, ni tampoco un fin en la funesta muerte,
sino que solamente la mezcla y el intercambio de lo mezclado
existen, y esto es llamado nacimiento por los hombres[83].

Pero para Empédocles, como para los grandes pensadores o videntes de su tiempo, sobre todo para los pitagó-

---

[83] Empédocles, fr. 8.
[FP II, 477 (31 B 8), p. 257. N. de la T.].
Y en otra parte: «Y estos, cuando mezclados en forma de hombre llegan a la luz del éter, / o en forma de un tipo de fiera salvaje, o de arbusto / o de pájaro, a esto lo llaman entonces nacer, / y cuando se separan, a esto a su vez lo llaman muerte desdichada. / No usan los nombres con justicia, y aún yo mismo me expreso así por la costumbre» (Fr. 9).
[FP II, 478 (31 B 9), pp. 257-258. N. de la T.].
«Ingenuos: pues no poseen pensamientos de largo alcance / aquellos que suponen que lo que previamente no era puede llegar a ser, / o que algo puede morir y ser completamente destruido» (Fr. 11).
[FP II, 480 (31 B 11), p. 258. N. de la T.].
Y él llama a la muerte «vengadora» (ἀλοίτην) (fr. 10), porque ella hace que reine la única Vida universal.
[FP II, 479 (31 B 10), p. 258. N. de la T.].

ricos, es otra alma, un alma sobrenatural, mística, que él llama «el daimon» (δαίμων).

Ella es distinta de la simple conciencia sensible e inteligible, que es un atributo universal de la substancia y se transforma al infinito. Los «daimones», las almas místicas, sobreviven más allá de la muerte; y la muerte es para ellas una transfiguración; entonces, ellas participan en el Espíritu sagrado (φρὴν ἱερή) que llena el universo, en la Amistad, que se esfuerza, con ellas y por ellas, en realizar la bienaventurada Unidad del *Sphairos* —el εὐδαίμων θεός, como lo llama Aristóteles («el Dios bienaventurado»).

Si el pensamiento impotente renuncia a explicar con palabras estas almas inmortales, cuya sola intuición roza el misterio, al menos es posible unirse a su impulso liberador; y solo esto es urgente. Todos nosotros debemos luchar por liberarnos del Odio —*libera nos a malo*— y conquistar la paz. Esto debe ser la obra de cada uno y de todos. Puesto que la unidad divina no puede ser realizada más que por todos. Por eso Empédocles exalta constantemente todo lo que puede reavivar la pasión en nuestros corazones, desde sus formas elementales, el deseo de amor y de unión carnal, Πόθος[84], que tiende oscuramente a fundir dos seres en uno, hasta la visión ideal de la fraternidad universal y del reino de Cipris:

Entre ellos no se hallaba el dios Ares, ni el Combate,
ni era rey Zeus, ni Cronos, ni Poseidón,
sino que era reina Cipris…
Y todos eran dulces y amables con los hombres
— las fieras y los pájaros, y brillaba la amabilidad[85].

---

[84] Empédocles, fr. 64.
[85] Empédocles, frs. 128 y 130.

Todos los seres tienen derecho a esta fraternidad, ya que, para Empédocles, ningún animal está privado de razón. Las plantas mismas «son movidas por los deseos, sienten, gozan y sufren»[86]. También a él le horroriza todo atentado contra la vida. No condena menos la guerra que los sacrificios sangrientos, la matanza universal:

¿No cesaréis este estrepitoso asesinato? (φόνοιο δυσηχέος) ¿No veis que os devoráis unos a otros con necedad de espíritu?[87]

En el culto que sueña para la Cipris ideal, «...el altar no era regado con la violenta sangre de los toros, / sino que lo más abominable entre los hombres era / el devorar los sagrados miembros tras arrebatarles la vida»[88].

Preconiza, según los ritos pitagóricos, los inocentes sacrificios con imágenes pintadas, con la mirra virgen y el incienso perfumado, con los frutos de la tierra y los rubios panales de miel[89]. Dando ejemplo, antes de hacer recitar su poema en Olimpia, ofrece a Apolo la imagen de un buey moldeado con harina y especias. Es vegetariano,

---

[FP II, 596 (31 B 128), p. 288 y 598 (31 B 130), p. 289, respectivamente. N. de la T.].

[86] Cf. Aecio (*Doxai*) y Aristóteles (*De plantis*), citados por Bignone, p. 353-355.
[El texto referido de Aristóteles, *De plantis*, forma parte del llamado *Corpus aristotelicum*, y se ha atribuido en ocasiones a Nicolás de Damasco. N. de la T.].

[87] Empédocles, fr. 136.
[FP II, 604 (31 B 136), p. 291. N. de la T.].

[88] Empédocles, fr. 128.
[FP II, 596 (31 B 128), p. 289. N. de la T.].

[89] Empédocles, fr. 128.

o al menos ha llegado a serlo y sufre por haber podido mancillar su boca alguna vez con la sangre de los seres vivos[90]. Para los iniciados, parece que predica la continencia sexual[91]. Su moral pura de renuncia por amor es como el tránsito del ascetismo oriental al cristianismo. Y lo mismo que las dos religiones libertadoras surgidas de los corazones inmensos de Buda y de Jesús, la fe de Empédocles derriba las murallas de la Ciudad, borra las religiones nacionales y abraza el universo en su fraternidad de adversidades y de amor. Pero esa fe conserva su sentido helénico de lo real, su culto de la belleza y la sonrisa luminosa del Mediterráneo. El éxtasis del siciliano no cierra los ojos; los abre completamente y los baña en el aire del día; su vida no retrocede ya bajo tierra, aspirada por su meditación; es como un estuario, bebe la naturaleza entera y comulga con los Elementos. El historiador de Empédocles recuerda con alegría los banquetes místicos, en los cuales los misterios órficos celebraban esta comunión soñada, la sagrada Cena de las almas del universo liberado[92]. Estos ágapes sagrados nos evocan la

---

[90] Empédocles, fr. 139.

[91] Empédocles, fr. 141.

[92] Cf. Bignone, p. 290 y Empédocles, fr. 147.
[Texto de Bignone, *op. cit.*: «Ma da questi ampi sfondi della religione naturale, si eleva, nel poema di Empedocle, la maggiore promessa dell'orfismo, comune pure ai misteri dell'Oriente, promessa di un nuovo mondo divino, rappresentato come una serena agape di spiriti affratellati. E Cristo che porge la copa simbolica ai discepoli, in pegno del ritrovarsi tutti al banchetto celeste, rinnova la grazia dell'antica fede degli orfici, i quali riunendosi alla cena comune, in atti puri e semplici, vedono in quell'umile realtà consueta la promessa futura; nella pace della mensa terrena scorgono prefigurata la pace divina». N. de la T.].

imagen de otra Cena. Pero en lugar del Maestro sabio y bueno, sobre cuyo regazo reposa la cabeza del joven discípulo y que los pescadores del lago de Genesaret[93] miman con sus ojos de perros fieles e inquietos, el banquete sobrenatural de Jonia es presidido por la bella Diosa de gracia y de armonía, Χάρις, Φιλία, Ἁρμονίη; y todo alrededor, como un arco iris, todas las fuerzas tornasoladas de la Naturaleza, todas las almas, todos los «δαίμονες», ayer todavía enemigos, se unen hoy para aureolarla, y «de las cosas discordantes surge la más bella armonía».

Ἐκ τῶν διαφερόντων καλλίστην ἁρμονίαν, como dice Heráclito[94].

Pero mientras que el efesio, el guerrero místico, se deleita con las más ásperas disonancias que ejecutan para su oído ebrio «la más bella armonía», el cantor melodioso de Agrigento ama en ellas la espera, que pronto se resolverá, en la plenitud de un acorde iluminado.

Inspirémonos en las «Musas sicilianas», escuchemos con ellas la furiosa sinfonía: ¡es el Odio que pasa! ¡Pero nosotros, saboreemos con antelación, en el choque de las nubes cargadas de relámpagos, el azul fresco y limpio del cielo que sonríe bajo el velo, y pronto florecerá! ¿Qué importa que nuestros ojos no estén ya allí para verlo, el bello cielo, el *Sphairos*, el sol de la panhumanidad, que fue y que será, muy lejano, en lo infinito del tiempo? Está desde ahora mismo, está en quien lo sueña.

---

[93] [Se refiere al lago Tiberíades o mar de Galilea. N. de la T.].

[94] Heráclito, fr. 8.
[FP I, 624 (22 B 8), p. 347. N. de la T.].

«…Se producía / la amable e inmortal embestida de la irreprochable Amistad»[95]. Y la diosa Alegría es cada uno de nuestros «amorosos pensamientos», es cada una de nuestras «amigables tareas»[96].

15 abril 1918

---

[95] Empédocles, fr. 35.
[FP II, 505 (31 B 35), p. 268. N. de la T.].
[96] Empédocles, fr. 17.
[FP II, 486 (31 B 17), p. 260: «es ella a quien la consideran innata en los miembros de los mortales, / y por ella tienen amorosos pensamientos y realizan amigables tareas, / llamándola por el nombre de Alegría o de Afrodita; / sin que la haya percibido, yendo y viniendo entre ellos, ningún / hombre mortal». N. de la T.].

ROMAIN ROLLAND
EL RELÁMPAGO DE SPINOZA

Baruch Spinoza, alrededor de 1665
(Biblioteca Herzog August en Wolfenbüttel, Alemania).

Villeneuve, 5-20 de julio de 1924

Nota

Estas páginas sobre Spinoza, que forman parte de un capítulo de Confesiones inéditas, tituladas *Le Voyage Intérieur*, no han sido publicadas nunca excepto en una lejana revista de Asia, en lengua bengalí, *Prabasi* (1926), por mi amigo el profesor Kalidas Nag. Y respecto a esto, quiero contar un hecho conmovedor, que muestra, una vez más, el parentesco de los espíritus de Oriente y de Occidente.

Algunas semanas después de la publicación, Kalidas Nag recibió de una prisión de la India una carta censurada de un joven bengalí, preso político. El prisionero, que había leído el relato extático del adolescente francés viendo filtrarse a través de los barrotes de su jaula el blanco sol del Ser, se había reconocido en el joven hermano de Europa. Y, desde su cárcel desconocida de Asia, tendía hacia él las manos con arrebato.

R.R.

Siempre he vivido dos vidas paralelas: una, la del personaje que las combinaciones de los elementos hereditarios me han hecho adoptar, en un lugar del espacio y un momento del tiempo, otra, la del Ser sin rostro, sin nombre, sin lugar, sin siglo, que es la substancia misma y el aliento de toda vida. Pero de estas dos conciencias, distintas y conjugadas —una, epidérmica y fugaz, la otra, duradera y profunda—, la primera, como es natural, ha ocultado a la segunda, durante la mayor parte de mi infancia, de mi juventud, e incluso de mi vida activa y pasional. Solo en repentinas explosiones la conciencia subterránea, consiguiendo perforar la corteza de los días, brotó como un chorro ardiente de pozo artesiano —durante algunos segundos solamente—, desaparecida de nuevo y succionada por los labios de la tierra. Hasta los tiempos consumados de la madurez, cuando los repetidos golpes de las heridas de la vida ensanchan las fisuras de la corteza, el empuje del alma interior traza al Ser escondido su vaguada y su lecho de río en la llanura.

Antes de llegar a este estado de comunión directa con la Vida universal, en que ahora estoy, he vivido separado de ella y cercano, oyéndola caminar conmigo, bajo la roca —y de repente, de tarde en tarde, en los instantes en que menos me lo esperaba, vivificado por estas irrupciones de chorros artesianos que me golpeaban en la cara y que me derribaban.

He advertido tres de estos surtidores del alma, tres de estos Relámpagos, que llenaron mis venas del fuego que hace latir el corazón del universo. La huella de su quemadura ha permanecido tan viva en mi viejo cuerpo que la adversidad ha hecho rodar después como un guijarro, como en el momento lejano en que ella se imprimía en la carne delicada y febril del adolescente.

No revelaré aquí más que el relato del segundo de estos Relámpagos:

—las palabras de fuego de Spinoza[1].

* * *

Entre los dieciséis y los dieciocho años.

Dos años trágicos. Insignificantes, para unos ojos que no vieran en ellos más que el tejido externo, la vida familiar y escolar de un inseguro adolescente. Pero ocultaban los monstruos devoradores de la desesperación mortal. En esos días, no en otros, toqué el fondo de la nada.

—«¡Oh, amable juventud!» me dijo amargamente Spitteler[2] pensando en la suya…

Sobre ello volveré en otro lugar… Mientras me hundía, solo la tempestad de Shakespeare, levantando las capas profundas del sombrío océano, traía, en remolinos, mis restos a la superficie, para volver a sumergirlos en la noche. Hablaré del compañero que entonces Hamlet fue para mí,

---

[1] [Los otros dos relámpagos o iluminaciones de Rolland fueron: «la terraza de Ferney y el relámpago tolstoiano en la noche del túnel». N. de la T.].

[2] [Se refiere al escritor suizo Carl Spitteler (1845-1924), premio Nobel de Literatura en 1919. N. de la T.]

y del comentario, aferrado a cada palabra como una hiedra, que le dediqué…

Pero dentro del espíritu se operaba una metamorfosis. Potente y desgarradora. Yo cambiaba, de cuerpo y de alma, tanto de voz como de pensamiento. A los dieciséis años, mi inteligencia estaba todavía cerrada a las ideas abstractas[3]. Pasaba a ciegas por la clase de filosofía, en el instituto Saint-Louis, con Evelyn y Darlu[4]. Ante esas palabras sin rostro, sin color, sin olor, que las manos no podían palpar, que la boca no podía morder, que se negaban tanto a la caricia como a la herida de los sentidos, ante esas palabras-máquina de la metafísica y de las matemáticas, instrumentos de genialidad creados por el cerebro, permanecía privado de aliento y hostil… «Fuori Barbari!» [Fuera bárbaros]… Sin embargo, menos de un año después, en la clase de Filo que repetía en Louis-le-Grand[5], para prepararme para la Normal[6], llegué a ser el primero de la clase; y el señor Charpentier, mi excelente maestro, grueso y grande, se regocijaba leyendo a plena voz mis redacciones a su rebaño: en las que, por cierto, a traición, yo, director escénico del pensamiento, hacía dialogar a Malebranche con su perro… La puerta estaba abierta, y yo franqueaba el umbral del reino de lo Informe, — sin duda dándole apariencia antropomorfa, ¡pero cuántos filósofos (y hablo

---

[3] [En la edición francesa *Le voyage intérieur* (París, Albin Michel, 1959), donde se incluyen *Les trois éclairs*, esta frase es más larga: «A seize ans, aux jours de la terrasse de Ferney, mon intelligence était encore fermé aux idées abstraites», p. 32. N. de la T.]

[4] [Alphonse Darlu (1849-1921) fue profesor de filosofía de Marcel Proust, muy recordado y admirado por él. N. de la T.]

[5] [Instituto Louis-le-Grand. N. de la T.]

[6] [École Normale Supérieure. N. de la T.]

de los más grandes) han sido menos ingenuos o más presuntuosos!

El círculo filosófico era bastante estrecho en la clase de Filo A del Louis-le-Grand. Pero cuidadosamente escarbado y removido. El círculo permanecía confinado entre los altos setos del jardín de Descartes, Versalles del pensamiento. Me he nutrido sustancialmente de la médula cartesiana durante dos o tres años. A ello añadía lo que iba a recolectar, en el cercado vecino (Filo B), en la viña de Burdeau, de las fantasmagorías presocráticas. Algunos granos caídos del pico de estos grandes pájaros, jonios y trinacrienses[7], han germinado después en mi *Empédocle d'Agrigente*. Pero el camino natural del espíritu me conducía a los que, escapados del majestuoso jardín amurallado de Descartes, allí habían abierto por una brecha perspectivas ilimitadas. Ese camino me llevó, todo recto, de forma instintiva como un perro guiado por el olfato de dos o tres palabras, a Spinoza.

He conservado con sumo cuidado la edición, hoy una rareza, comprada en las galerías del Odéon, que fue, en esos años, mi elixir de vida eterna:

Oeuvres de Spinoza, traducidas por Émile Saisset, con una introducción crítica, nueva edición revisada y aumentada, Charpentier, 1872, tres volúmenes en doceavo, encuadernados en verde.

Aunque ahora mi pensamiento se haya liberado del racionalismo estricto del maestro Bento[8], y haya recono-

---

[7] [Habitantes de Sicilia, antiguamente denominada en griego 'Trinacria' debido a los tres extremos de la isla y su forma triangular. También se denomina así el clásico emblema siciliano de las tres piernas presente en su bandera. N. de la T.]

[8] [El nombre francés Benoît se refiere a Bento o Benedicto o Benito Spinoza. N. de la T.]

cido en él muchos paralogismos, sigue siendo sagrado para mí, al igual que los Libros Sagrados para alguien que crea en ellos; y no toco estos tres volúmenes, sino es con un piadoso amor. No olvidaré jamás que, en medio del ciclón de mi adolescencia, encontré mi refugio en el nido profundo de la *Ética*...

*   *   *

Son las cuatro. Invierno. Atardece. Un día apagado, de un cielo gris y helado. Estoy sentado delante de mi mesa adosada a la pared, cerca de la ventana. Fuera, la calle Michelet, desierta, en la que se adentra con fuerza el cierzo, y, separado por una reja, el fúnebre jardín de la Escuela de Farmacia, donde los escasos visitantes parecen rezar ante las tumbas de las plantas[9]. Pero no veo nada del exterior. Estoy encerrado. Encerrado dentro de la habitación cerrada. Encerrado dentro de mi caparazón erizado contra el frío que penetra en la habitación no caldeada y hasta por debajo de mi abrigo donde se acurruca mi cuerpo friolero. Encerrado en la contemplación del libro, que sostienen mis dedos entumecidos. Alrededor de mí, siento, cual halo lúgubre, el triste día que muere, la implacable naturaleza, el cerco de la ciudad de piedra, y el de mis pensamientos. El eterno prisionero, atado en su mazmorra, arrastra a los pies la cadena de la preocupación, de la lucha por la vida, la obsesión encarnizada del examen que envenena tantas jóvenes existencias, de los fracasos repetidos, de la necesidad de tensar todas sus fuerzas para el combate, a pesar

---

[9] Después ha crecido la vegetación. Entonces el jardín acababa de abrirse, estaba lleno de piedras.

del asco del combate, la obligación moral de vencer, no solamente para vivir, para salvar su vida, sino para salvar la vida de los suyos, para responder a su sacrificio absoluto, que ha apostado toda su suerte a una carta, a mi destino. ¡Infeliz y débil niño, sobre quien pesa una responsabilidad demasiado pesada, que no ha pedido! Lo oprime; y, sin embargo, es para él una coraza; aplastando sus hombros, le obliga a tensarse. Sin ella, se abandonaría al Sueño incesante, que zumba en el fondo de la colmena cerrada. Pero bajo la capa que lo recubre, su delicada y nerviosa energía se concentra, se tensa, angustiada, hacia un resplandor que se filtra por el angosto tragaluz…

La luz se filtra. La miro fijamente dentro de la noche de mi cueva. La miro fijamente entre los barrotes negros de los renglones del libro forrado de verde. Y bajo la fijeza turbada de mi mirada alucinada, he aquí que los barrotes se separan y que surge el sol blanco de la *Substancia*. Metal en fusión, que llena la copa de mis ojos, fluye dentro de mi ser al que consume; y mi ser, como un hierro fundido, salta en la cuba…

Me ha bastado una página, la primera, cuatro Definiciones y algunas chispas de fuego que han saltado al choque con el sílex de la *Ética*[10].

No me hago para nada ilusiones, y no quiero que los demás se las hagan. No pretendo, ni que esta virtud milagrosa sea inherente a las palabras mágicas, ni que yo hubiera captado entonces el verdadero pensamiento de Spinoza. Así como al leer el extenso primer volumen de

[10] *Ética*, I. Definiciones 3, 4, 5, 6, y la *Explicación* que sigue. Chispas arrancadas a las proposiciones 15 y 16 de I, y al *Escolio* del *Lema* 7 de II.

Introducción, honesta y timorata, de Émile Saisset, no me detenía por los argumentos amedrentadores de este espiritualista y saltaba alegremente por encima de su pantalla de chimenea al fuego, del que su esforzado trabajo tenía por objeto protegerme —(¡Ingenuos contradictores! ¡A ellos hay que agradecer el conocer y amar a los genios prohibidos!)—, así, en el texto mismo de Spinoza no le descubría a él, sino a mi yo desconocido. En la inscripción trazada en el pórtico de la *Ética*, en esas definiciones de letras brillantes, descifraba, no lo que él había dicho, sino lo que yo quería decir, las palabras que mi propio pensamiento de niño, en su lengua inarticulada, se afanaba por deletrear. Nunca se lee un libro. Se lee a través de los libros, sea para descubrirse a uno mismo, sea para examinarse. Y los más objetivos son los más ilusionados. El libro más grande no es aquel cuyo contenido se imprimiría en el cerebro, como un mensaje telegráfico sobre el rollo de papel, sino aquel cuyo choque vital despierta otras vidas, y de la una a la otra propaga su fuego que se alimenta de combustibles diversos y, convertido en incendio, salta de bosque en bosque.

No intentaré, pues, explicar aquí el sentido liberador del verdadero pensamiento de Spinoza, sino el que encontré en él, porque desde la infancia mi oscura pasión lo buscaba a ciegas.

Y ciertamente, no es en absoluto el maestro del orden geométrico —*Ethica ordine geometrico demonstrata*—, no es el racionalista el que me ha conquistado en Spinoza, aunque algún disfrute estético me proporcionen los juegos magníficos de la razón: es el realista.

¡Qué extraño es que este aspecto de la gran figura sea recubierto hasta hacerse invisible por el pesado verbalismo intelectual de los filósofos de profesión! ¡Cómo no captan, a primera vista, esta mirada, esta voz, ebrias de lo Real!

Por donde podemos ver que nos es, ante todo, necesario deducir siempre todas nuestras ideas a partir de cosas físicas o de seres reales, avanzando, en lo posible, siguiendo la serie de las causas, de un ser real a otro ser real, y de forma que no pasemos a lo abstracto y universal, ni para deducir de estos algo real, ni para deducir de lo real algo abstracto. Ambas cosas, en efecto, interrumpen el verdadero progreso del entendimiento[11].

Por supuesto que es un principio de realismo alucinado el que domina en estas palabras el *Tratado de la reforma del entendimiento*[12], añadiendo inmediatamente después con la imperturbable seguridad del visionario:

Debo señalar, sin embargo, que por serie de causas y seres reales no entiendo aquí la serie de las cosas singulares y mudables, sino únicamente la serie de las cosas fijas y eternas[13].

---

[11] [Spinoza, *Tratado de la reforma del entendimiento*, traducción de Atilano Domínguez, Madrid, Alianza, 1988, parágrafo 99, pp. 117-118. A partir de ahora citaré esta obra en mis notas como TIE (*Tractatus de Intellectus Emendatione*), seguido del número del parágrafo correspondiente. N. de la T.]

[12] Edición Saisset, tomo III, p. 338.
[Rolland coloca aquí la referencia del texto del TIE que acaba de citar, según la edición de Saisset. A partir de aquí, la paginación que aparece en las notas de Rolland sobre las obras de Spinoza se refiere a la edición de Saisset. N. de la T.]

[13] [Spinoza, TIE, 100, p. 118. N. de la T.]
«Per realitatem et perfectionem idem intelligo» (II. Def. 6). [N. de Rolland].
[«Por realidad entiendo lo mismo que por perfección»: Spinoza, *Ética*,

«Las cosas fijas y eternas» son «reales». Son lo más real. Y todo lo que es real es individual. «Las cosas fijas y eternas» son «particulares»[14]. Nada de abstracciones. Las esencias. Los seres. Todo es *ser*: y los modos innumerables y finitos; y la infinitud de los atributos infinitos; y el Ser de los seres, la Substancia, «el Ser único, infinito, el ser que es todo el ser, y fuera del cual no hay nada»[15].

¡Vértigo!... ¡Vino de fuego!... Mi prisión se abre. ¡Aquí está la respuesta, oscuramente concebida en el dolor y en la desesperación, llamada por gritos de pasión con alas rotas, obstinadamente buscada, ansiada, en las magulladuras y en las lágrimas de sangre, aquí está radiante la respuesta al enigma de la Esfinge que me atenazaba desde la infancia —a la antinomia abrumadora entre la inmensidad de mi ser interior y el calabozo de mi individualidad, que me humilla y que me ahoga!... «Naturaleza naturante» y «naturaleza naturada»[16]...Es la misma.

---

traducción de Vidal Peña, Madrid, Alianza, 1987, E 2Def6, p. 101. Esta es la edición de la *Ética* que voy a utilizar, a partir de ahora citada como E en mis notas, junto con las abreviaturas más usuales para referir las partes de la obra, las proposiciones, definiciones, escolios, etc. N. de la T.].

[14] P. 339.
[TIE, 101, p. 118. Rolland recoge la traducción de Saisset, «cosas particulares», mientras que en la traducción española que cito se dice «cosas singulares», de modo más preciso y fiel al latín original de Spinoza. N. de la T.].

[15] P. 329.
[TIE, 76, p. 108: «es el ser único e infinito, es decir, todo el ser, fuera del cual no hay ser alguno». N. de la T.].

[16] *Ética*, 1, *Escolio* en la 29.
[E 1P29S, p. 78. N. de la T.].

«Todo lo que es, es en Dios»[17]. ¡Y yo también, soy en Dios! De mi habitación helada, donde irrumpe la noche de invierno, me evado al abismo de la Substancia, dentro del sol blanco del Ser.

¡Horizontes inauditos! Mi sueño, incluso en sus vuelos más delirantes, es superado. No solamente mi cuerpo y mi espíritu, también mi universo, se bañan en mares sin orillas, la Extensión, el Pensamiento, cuyo recorrido no lo podrá hacer ninguna carabela. Pero dentro de la insondable inmensidad oigo bramar, hasta el infinito, otros mares, otros mares desconocidos, los atributos innumerables, inconcebibles, en el infinito. Y todos están contenidos en el océano del Ser. Entre su pulgar y su dedo meñique caben cómodamente[18]. La intuición de Spinoza abre los cielos cerrados —con dos siglos de anticipación, pionera de los *conquistadores*[19] de la ciencia moderna. Y si ella sabe y nos dice que, bajo nuestra forma humana, no abordaremos jamás estos Nuevos Mundos, a la vez nos comunica la embriaguez de la certeza de que ellos existen, que están ahí, cerca de nosotros: no es solamente un hecho de conocimiento, sino el latido del corazón de una coexistencia. ¡Enriquecimiento prodigioso de mi universo, hace un instante estrangulado en la jaula de mi delgado pecho! Y mi corazón no sufre su enormidad. Las alas extendidas, planeando sobre esos espacios, soplo a soplo, a solas, fijando la mirada, sin pestañear en la Faz

[17] *Ibidem*, I, 15.
[E 1P15, p. 58: «Todo cuanto es, es en Dios». N. de la T.].
[18] [Esta frase no aparece en el texto de *Le voyage intérieur*. N. de la T.].
[19] [En español en el original. N. de la T.].

omnipresente —«Facies totius universi»[20]—me siento sostenido por la infalible mano de la Libre Necesidad, que emana de Dios. No caeré. Pues yo soy suyo. Mi caída sería la suya…

> *Si una pars materiae annihilaretur, simul etiam tota Extensio evanesceret…*[21]

No puedo caer más que en Él. Estoy tranquilo. Todo está tranquilo. Gozo de mi plenitud y de mi armonía…

> Poseyendo, por una cierta necesidad eterna, el conocimiento de mí mismo y de Dios y de las cosas, jamás dejo de ser; y la verdadera paz del alma, la poseo para siempre[22].

Pero estas últimas líneas de la *Ética*, no hace falta leerlas —y no las leo— con los ojos fríos de la inteligencia. Es necesario poner ahí la pasión de su corazón y el ardor de sus sentidos. Es necesario participar en el espasmo de esta «Beatitud», tal como él mismo la nombra, nuestro Krishna

---

[20] Carta LXIV a Schuller.
[Spinoza, *Correspondencia*, traducción de Atilano Domínguez, Madrid, Alianza, 1988, Ep 64, p. 351. A partir de ahora, obra citada como Ep (*Epistolae*), seguida del número de carta. N. de la T.].
[21] Carta IV a Oldenburg.
[Ep 4, p. 89. N. de la T.].
[22] [Rolland no incluye en este caso la referencia del texto en nota al pie, puesto que parafrasea el texto de Spinoza y lo refiere a sí mismo. El texto del filósofo dice así: «El sabio, … consciente de sí mismo, de Dios y de las cosas con arreglo a una cierta necesidad eterna, nunca deja de ser, sino que posee el verdadero contento del ánimo», E 5P42S, p. 379. N. de la T.].

de Europa, y que es «un amor»[23] y una voluptuosidad —la más voluptuosa de los gozos humanos:

… Aeternitatem, hoc est, infinitam existendi, sive, invita latinitate, essendi fruitionem[24].

Degustad el sabor sensual de este latín bárbaro; *essendi fruitio*!… Con mis ojos, con mis manos, con mi lengua, con todos los poros de mi pensamiento, lo he saboreado. He abrazado al Ser.

¡Oh risa de Zaratustra! No he esperado a Nietzsche para conocerte. ¡Resuenas aquí, pero con qué armonías más bellas y más plenas! ¡Y qué cercanas están de las de la *Oda a la alegría*!…

La alegría… es un afecto que aumenta o favorece la potencia de obrar del cuerpo; …la alegría es directamente buena[25]…

El regocijo no puede tener exceso, sino que es siempre bueno[26]…

Pues la risa… es pura alegría y, por tanto, con tal que no tenga exceso, es de por sí buena… Cuanto mayor es la alegría que nos afecta, tanto mayor es la perfección a la que pasamos[27].

---

[23] «El amor divino o la beatitud…»
[24] Carta XII a L. Meyer.
[Ep 12, p. 131. N. de la T.].
[25] [E 4P41, p. 296. N. de la T.].
[26] [E 4P42, p. 297. N. de la T.].
[27] *Ética*, IV, 41, 42, 45, *Escolio*.
[E 4P45S, p. 300. Rolland introduce aquí la referencia conjunta de todo este grupo de citas, que por mi parte he ido precisando por partes en las notas al pie añadidas. N. de la T.].

…Disfrutar del alimento, de los perfumes, de los colores, de los trajes hermosos, de la música, de los juegos, de los espectáculos, y de todas las diversiones que cada uno puede darse sin perjuicio para nadie[28]…

…Así, pues, servirse de las cosas y deleitarse con ellas cuanto sea posible[29]…

Reunirse con los otros y tender a unirlos, pues todo lo que tiende a unirlos es bueno[30]… — Esforzarse por compartir su alegría con los otros… — Unirse, con pleno conocimiento, con toda la naturaleza[31]…

---

[28] [Aquí Rolland resume el siguiente texto de la *Ética*: «Quiero decir que es propio de un hombre sabio reponer fuerzas y recrearse con alimentos y bebidas agradables, tomados con moderación, así como gustar de los perfumes, el encanto de las plantas verdeantes, el ornato, la música, los juegos que sirven como ejercicio físico, el teatro y otras cosas por el estilo, de que todos pueden servirse sin perjuicio ajeno alguno». E 4P45S, p. 300. N. de la T.].

[29] [E 4P45S, p. 300. N. de la T.].

[30] *Ética*, IV, 40.
[Rolland resume de nuevo las palabras de Spinoza: «en efecto, lo que hace que los hombres vivan concordes… es bueno». E 4P40 Demostración, p. 296. N. de la T.].

[31] *Tratado de la reforma del entendimiento.*
[Rolland se refiere al siguiente texto: «Como, por otra parte, la debilidad humana no abarca con su pensamiento ese orden y, no obstante, el hombre concibe una naturaleza humana mucho más firme que la suya y ve, además, que nada impide que él la adquiera, se siente incitado a buscar los medios que le conduzcan a esa perfección. Todo aquello que puede ser medio para llegar a ella, se llama verdadero bien; y el sumo bien es alcanzarla, de suerte que el hombre goce, con otros individuos, si es posible, de esa naturaleza. Cuál sea aquella naturaleza humana lo mostraremos en su lugar, a saber, el conocimiento de la unión que la mantiene con toda la Naturaleza. Este es, pues, el fin al que tiendo:

Seid umschlungen, Millionen!...
¡Abracémonos, millones de seres![32]

---

adquirir tal naturaleza y procurar que muchos la adquieran conmigo; es decir, que a mi felicidad pertenece contribuir a que otros muchos entiendan lo mismo que yo, a fin de que su entendimiento y su deseo concuerden totalmente con mi entendimiento y mi deseo». TIE, 13 y 14, pp. 79-80. N. de la T.].

[32] [Rolland parafrasea la letra de la famosa *Oda a la alegría*, colocando a continuación del imperativo alemán en segunda persona del plural, el imperativo francés en primera persona del plural. N. de la T.].

Índice

Pilar Benito Olalla

Romain Rolland